Bewusstseinswandel zu einer integralen Weltsicht
Quantentheorie – Naturverhältnis und nachhaltige Erdpolitik

Dokumentation des Symposiums
vom 24. – 25. November 2018 in der
Evangelischen Stadtakademie Bochum

D1664367

Evangelische Perspektiven
Schriftenreihe der Evangelischen Kirche in Bochum
in Zusammenarbeit mit der Evangelischen Stadtakademie Bochum

Weitere Informationen im Internet unter
www.stadtakademie.de/publikationen/ev-perspektiven.html

Heft 14:
Bewusstseinswandel zu einer integralen Weltsicht
Quantentheorie – Naturverhältnis und nachhaltige Erdpolitik

Dokumentation des Symposiums vom 24. – 25. November 2018
in der Evangelischen Stadtakademie Bochum

Herausgegeben von Arno Lohmann und Michael Colsman
ISBN 9783752627916

Evangelische Kirche in Bochum
Westring 26a, D-44787 Bochum
Telefon 0234 - 962 904-0
http://www.kirchenkreis-bochum.de

Das vorliegende Heft ist zu beziehen bei:
Evangelische Stadtakademie Bochum
Westring 26a, D-44787 Bochum
Telefon 0234-962904-661
office@stadtakademie.de
http://www.stadtakademie.de

Bewusstseinswandel zu einer integralen Weltsicht

Quantentheorie – Naturverhältnis und nachhaltige Erdpolitik

Mit Beiträgen von

Michael Colsman
Michael Drieschner
Brigitte Görnitz
Thomas Görnitz
Arno Lohmann
Hartmut Schröter
Johannes Soth
Ernst Ulrich von Weizsäcker
Hans-Rudolf Zulliger

Herausgegeben von Arno Lohmann
und Michael Colsman

Verlag BoD - Books on Demand, Norderstedt

Bibliografische Information der Deutschen Bibliothek:
Die Deutsche Bibliothek verzeichnet diese Publikation in der Deutschen Nationalbibliografie;
detaillierte bibliografische Daten sind im Internet unter www.dnb.de abrufbar.

1. Auflage Oktober 2020
© beim Herausgeber
Redaktion: Arno Lohmann
Gestaltung: Q3 design GbR, Dortmund

Titel-Abb. Fotolia/NatUlrich
In der Mitte: Zeitabhängige Formel der „Schrödinger-Gleichung"

ISBN 9783752627916

Herstellung und Verlag:
BoD – Books on Demand, Norderstedt
Telefon (+49) 0 40 - 53 43 35 - 0
Telefax (+49) 0 40 - 53 43 35 - 84
Web: www.bod.de
e-Mail: info@bod.de

Inhalt

An die Natur[1]

Natur, du magst ein Stück entdeckt sein
in finstrer-lichter Zeit,
wo Verstand dich meint zu fassen
für zeitlose Ewigkeit.

Doch kannst du dich voll nur offenbaren
dem liebenden geisterfüllten Sinn,
für heile hellere Tage,
befreit von törichtem Ich-bin.

Denn göttlich Macht sich in dir zeiget,
so unschuldig, aber auch wahr;
indes hier tief sich noch alles sehnet,
bis einst du bist ganz da.

---

[1] Gewidmet Georg Picht, 1913 – 1983, Pionierdenker der Ökologie, Verf. von: Der Begriff der Natur und seine Geschichte, Stuttgart: Klett-Cotta, 1985.

Vorwort

Dieser Band 14 der *Evangelischen Perspektiven* dokumentiert ein Symposium der Evangelischen Stadtakademie Bochum mit dem etwas sperrigen Titel: *Bewusstseinswandel zu einer integralen Weltsicht. Quantentheorie – Naturverhältnis und nachhaltige Erdpolitik.* Es fand bereits im Herbst 2018 an der Evangelischen Hochschule Rheinland-Westfalen Lippe in Bochum statt, hat aber von seiner Aktualität bis heute nichts verloren. Seit mehr als zehn Jahren veranstaltete die Evangelische Stadtakademie die Themenreihe *„ÖkoSphäre – Perspektiven für eine neue Politik des Lebens"*[2]. In dieser Reihe waren namhafte Wissenschaftlerinnen und Wissenschaftler sowie lokale Entscheidungsträger eingeladen, ihre Erkenntnisse vorzutragen und zur Diskussion zu stellen. In dieser Reihe hatte auch dieses Symposium seinen thematischen Ort.

Die aktuellen und sich als immer drängender abzeichnenden Auswirkungen unserer Lebens- und Wirtschaftsweise mit der Ökonomisierung aller Lebensbereiche und (Ver-)Nutzung der natürlichen Ressourcen betreffen inzwischen nicht nur die Ökosysteme der Erde. Neben den umweltpolitischen Herausforderungen sind inzwischen auch die sozial-kulturellen und ökonomischen Folgen unseres Handelns evident. In der wechselseitigen Verstärkung von globaler Klimakrise mit vielfältigen Folgen, von Finanzkrisen und Demokratiegefährdungen liegen die bevorstehenden Gestaltungsaufgaben offen zu Tage. Diese Herausforderungen erfordern eine Bewusstseinsbildung und Verständigungsprozesse so grundlegender Art, dass deren Tragweite treffend markiert ist mit dem Titel eines Buches von Claus Leggewie und Harald Welzer: *„Das Ende der Welt, wie wir sie kannten"*[3].

Die historische Erfahrung zeigt, dass „nur" eine (Um)formulierung ethischer Forderungen nicht genügt, weil sie kaum Wirkung zeigen

---

[2] www.stadtakademie.de/veranstaltungsreihen/details.html?rid=4
[3] Claus Leggewie, Harald Welzer: Das Ende der Welt, wie wir sie kannten. Klima, Zukunft und die Chancen der Demokratie, 2009.

würde, denn: *„Unsere Notwendigkeit zu entscheiden, reicht weiter als unsere Fähigkeit zu erkennen."*[4] Dieser Satz scheint das Wesen der Postmoderne eindrucksvoll zu reflektieren und das Ethik-Dilemma auf den Punkt zu bringen. Er könnte schon Immanuel Kant zugeschrieben werden und dessen Frage *„Was sollen wir tun?"*.

Bei der Gestaltung des Symposiums leitete die Herausgeber die Grundannahme, dass ein kulturgeschichtlich entstandener tiefer Bruch zwischen „Natur" und „Geist" bzw. den entsprechenden Wissenschaften zu einer Naturentfremdung geführt hat und zu einem Bewusstsein, das als wesentliche Ursache für unsere modernen Probleme angesehen werden kann. Was aber ist mit „Natur" und „Geist" gemeint? Und welches „Bewusstsein" brauchen wir für ein zukünftiges Miteinander auf dieser Erde?

Im ersten Beitrag *„Bewusstsein und Bewusstseinswandel aus interkultureller Sicht"* (Teil 1) untersucht Dr. Michael Colsman die genannten Begriffe kultur- und geistesgeschichtlich und begründet anschließend die Notwendigkeit eines *„integralen Bewusstseins"*, wie zum Beispiel im kulturanthropologischen Modell Jean Gebsers sowie bei Sri Aurobindo zentral ist.

Inzwischen ist deutlich geworden, dass weder Wissen allein noch eine immer effizientere Technik ausreichen, um die anstehenden Probleme zu lösen. Wissen ist in vielen Bereichen vorhanden. Technik lässt sich zur Lösung von Problemen einsetzen, kann aber ebenso zu deren Verursachung beitragen.

Im zweiten Vortrag dieses Bandes setzt sich Prof. Michael Drieschner als Physiker und Philosoph daher kritisch mit dem Naturverständnis der Naturwissenschaften auseinander. Er fragt im Zusammenhang mit der Quantentheorie nach der immanenten „Ontologie" der klassischen Physik, quasi nach deren „Weltsicht" mit dem dazugehörigen Determi-

---

[4] Deutung und Geschichte des Zitats haben in der deutschen Politik eine lange Geschichte, Michael von Brück: Interkulturelles Ökologisches Manifest, 2020, S. 24.

nismus, bis hin zur Ermöglichung der Atombombe. Mit Carl Friedrich von Weizsäcker fragt er kritisch nach den Möglichkeiten und Grenzen eines Bewusstseinswandels bzw. wie sich eine Verantwortung innerhalb der Naturwissenschaften begründen ließe.

Den thematischen Schwerpunkt des Symposiums bildete der quantentheoretisch-ganzheitsorientierte Ansatz des Quantenphysikers Prof. Thomas Görnitz und seiner Frau, der Psychologin und Psychoanalytikerin, Dr. Brigitte Görnitz. Sie erläutern das von Thomas Görnitz so genannte Konzept der „Protyposis" als Grundprinzip der Quantentheorie und damit die Grundlage des Seins der Materie. Diese einfachste Quantenstruktur, die am geeignetsten mit dem Begriff „Information" zu bezeichnen ist, bildet für die Eheleute Görnitz die Basis für eine zur Einheit führenden naturwissenschaftlichen Beschreibung sowohl der Materie als auch des Bewusstseins. Mit diesem Modell wird deutlich, wie untrennbar verwoben die Bereiche der Quantentheorie, und damit der Materie, und der Psychologie bzw. des Geistes im Grunde sind.

In unserem Zusammenhang interessierte uns die Frage, ob und inwiefern die Quantenphysik damit auch zu einem Bewusstseinswandel führen könnte, mit motivierenden Erkenntnissen für unser Weltbild mit seinen darin enthaltenen sozialen und ökonomischen Strukturen und Verhaltensweisen. Was bedeutet die Erkenntnis, dass Materie nur in offenen Prozessen und echten Zufällen zu beschreiben ist, für unser von Determinismus und materialistischer Welteroberung geprägtes Weltverständnis? Könnte sich aus den Erkenntnissen der Quantenphysik eine quasi mathematisch begründete Kritik an einem Denken ergeben, das Individualität und konkurrierendes Gegenüber betont statt untrennbarer Zusammengehörigkeit und damit einem „Entweder-oder-Prinzip" folgt anstelle eines „Sowohl-als auch"?

Im dritten Teil des Symposiums fragten wir nach den praktischen Umsetzungen einer ganzheitsorientierten Weltsicht im globalen Rahmen für eine „nachhaltige Erdpolitik". Dankenswerterweise ließ sich Professor Ernst Ulrich von Weizsäcker, Biologe, Physiker und Ko-Vorsitzender des Club of Rome, gewinnen, der sein ein Jahr zuvor erschienenes Buch vorstellte: „*Wir sind dran. Was wir ändern müssen, wenn wir bleiben wollen.*"[5]. Es basiert auf dem aktuellen großen Zukunftsbericht des Club of Rome und stellt eine ernüchternde Aufklärung „für eine volle Welt" dar. Neben dem hier (leicht abgeänderten) Manuskript steht sein Vortrag mit der dazugehörigen PowerPoint-Präsentation auch in der Mediathek der Stadtakademie zum Download bereit.[6]

Der Schweizer Nuklear-Physiker Dr. Hans-Rudolf Zulliger zeigte, dass die Welt ein lebendiges, wundersam komplexes Organ ist, das nur in seiner Ganzheit Leben in der heutigen Form ermöglicht. In einem Interview mit mir betonte er, wie die Erhaltung des Lebens in seiner Vielfalt eine integrale Weltsicht erfordert und neben dem nötigen Wissen das Bewusstsein verlangt, dass alles, was der Einzelne tut, alles Leben beeinflusst. Staunen, Demut und Dankbarkeit seien die entsprechenden Haltungen. Sein Plädoyer für eine integrale Weltsicht hat er in seinem kurz vor dem Symposium veröffentlichten Buch: „*Gaias Vermächtnis*"[7] anschaulich dargelegt.

Der vierte Teil betont die grundlegende Rolle leiblicher und sinnlicher Erfahrungen für einen möglichen integrativen Bewusstseinswandel. Hier lud das Symposium ein zu Meditation und Erfahrungen mit der Kunst.

Die meditativen Anleitungen mit den theoretischen Grundlagen des Pädagogen und Gründers des Schulfachs K.E.K.S (Körperorientierte Entspannungs- und Konzentrations-Schulung) Johannes Soth werden hier dokumentiert.

Dr. Hartmut Schröter, Philosoph und Theologe, zeigt mit Werken der Landschaftsmalerei in der Gegenüberstellung von Lorrain und Turner – C.D. Friedrich und Feininger – Monet und van Gogh wie

---

[5] Buchempfehlung: „Wir sind dran. Was wir ändern müssen, wenn wir bleiben wollen", siehe Seite 212.

[6] https://www.stadtakademie.de/mediathek/details.html?sid=4749

[7] „Eine biozentrische statt einseitige anthropozentrische Sicht bietet uns bessere Überlebenschancen. ... Allerdings muss die Anpassung angesichts der Dringlichkeit wesentlich schneller als bisher ablaufen. Es braucht eine persönliche Betroffenheit und Gefühle der Empathie sowie die Wertschätzung unserer Natur, um zu handeln", Seite 76 f. Buchempfehlung: Gaias Vermächtnis", siehe Seite 211.

diese Künstler je unterschiedlich im Gegensatz zu einer wissenschaftlichen Objektivierung der Natur und ihrer technischen Nutzbarkeit beeindruckende Korrektive bieten. Sein Vortrag ist ein überzeugendes Beispiel, wie die Naturentfremdung, die die Moderne bestimmt, in der sinnlichen Anschauung der Kunst überwunden wird.

Zu diesem Teil gehörten auch die kreativen musikalischen Beiträge mit „Klängen aus Steinen" des Klangkünstlers Stephan Roth, die zur Einstimmung und zum Ausklang der Tagung zu hören waren. Leider können sie hier nicht dokumentiert werden.

Im Anhang dieses Bandes dokumentieren wir ein Gesprächsforum mit kritischen Fragen an die Referenten von Prof. Dr. Peter Dörre (Iserlohn), Prof. Dr. Herbert Pietschmann (Wien) und Dr. Michael Colsman (Bochum).

Ich danke der Referentin und den Referenten für ihre Beiträge und für ihre Geduld bis zur Herausgabe. Ich danke der Evangelischen Hochschule Rheinland-Westfalen-Lippe und ihrer Rektorin, Prof. Dr. Dr. Sigrid Graumann, für die großzügige Gastfreundschaft sowie den Mitarbeitenden der Hochschule für den Service während des Symposiums. Ein Dank gehört Herrn Dr. Florian Dittrich aus Dortmund für wertvolle inhaltliche Anregungen und seine Moderation des Vortrags zur Quantentheorie von Dr. Brigitte und Prof. Dr. Thomas Görnitz. Mein besonderer Dank gehört Dr. Michael Colsman für seine Anregung zu diesem Symposium, für seine maßgeblichen inhaltlichen Impulse und für die Mitherausgeberschaft dieses Bandes.

Der doppeldeutige Titel des Buches von E.U. von Weizsäcker mag als Schluss- und Handlungsimpuls angemessen sein:

„Wir sind dran!"

Bochum, Oktober 2020
Arno Lohmann

1. Bewusstsein und Bewusstseinswandel aus interkultureller Sicht

Michael Colsman

Zusammenfassung: *„Bewusstsein" hat im Deutschen seit seiner Prägung im 17./18. Jh. bis heute eine einseitig rationalistische Bedeutung. Dennoch gibt das damit gemeinte z.b. in Philosophie und Bewusstseinsforschung immer noch Rätsel auf. Der Vortrag versucht deshalb, auch im interkulturellen Bezug zu asiatischen, d.h. indischen Traditionen, Licht in dieses Dunkel zu bringen. Insgesamt skizziert er im Sinne des Symposium-Themas Horizonte eines integralen Bewusstseins, wie sie z.B. im kulturanthropologischen Modell Jean Gebsers sowie bei Sri Aurobindo zentral sind. Besonders das ganzheitsorientierte Bewusstseinsmodell Sri Aurobindo ist bei aller Bedeutung, die die Wandlung des Menschen zum Göttlichen hin dabei hat, nicht anthropozentrisch, sondern kosmisch zu verstehen.*

Zur Person: *Dr. phil. Michael Colsman (Bochum), M.A. (Tibetologie, Indologie; Philosophie), Dipl.-Psych., ist niedergelassener Psychotherapeut und arbeitet vor allem zu den Bereichen: „Bewusstsein", ganzheitsorientierte Lebens- und Denkmodelle, Ethik, Buddhismuskunde, interreligiöser Dialog. Entsprechend schrieb er seine Promotion zum Thema „Bewusstsein, konzentrative Meditation und ganzheitsorientiertes Menschenbild".*

Das Interesse des Vortragenden an einem Symposium zum Verhältnis von „Natur und Bewusstsein" überkreuzte sich gewissermaßen „zufällig" mit dem des Leiters der Evangelischen Stadtakademie. Denn geplant war eine entsprechende Tagung eigentlich erst für nächstes Jahr. Das Thema ist Neuland und bedeutet eine gewisse Herausforderung. Es sollte darum gehen, naturwissenschaftliche Sichtweisen und Anschauungen von „Geist" bzw. „Bewusstsein" zu integrieren. Im Abendland war die Trennung von Subjekt und Objekt, Geist und Natur schon bei Plato[8] sowie – mit Abwandlungen[9] – bei Aristoteles angelegt. Sie klaffte aber in der Neuzeit vor allem seit Descartes und seinen Interpreten zunehmend unversöhnlich auseinander, dies mindestens in methodologisch erkenntnistheoretischer Hinsicht. Jedoch verhielt sich Descartes bei aller schroffen dualistischen Abspaltung der denkenden von der ausgedehnten Substanz durchaus nicht konsequent.[10]

Betrachtet man die Haltung des Menschen zu Natur und Geist in der Geschichte, so lässt sich Folgendes skizzieren:

Die mythische Zeit versuchte das unerklärliche natürliche und seelisch-geistige Geschehen auf göttliche Mächte zurückzuführen. Um die von Karl Jaspers so genannte Achsenzeit zwischen ca. 800 bis 200 v. Chr. lösten indessen wachsend rationalere Sichtweisen von Natur und Mensch mythische Vorstellungen ab. Dies geschah v.a unter dem Einfluss der Philosophie und den aufkommenden Wissenschaften. Die Philosophie blieb dabei bis in die Neuzeit eine Art Überwissenschaft. Die Einzeldisziplinen verselbständigten sich zunehmend. Umstürzende Erkenntnisse gewisser Wissenschaften, wie der Physik, Biologie und Psychologie führten nicht selten zu einem überspannten Physikalismus, Biologismus oder Psychologismus. Andererseits lehnte sich die Philosophie in Anbetracht von derartigen rasanten Entwicklungen oft an solche Wissenschaften an; oder sie bemühte sich, wie z.T. in der Existenzphilosophie, ihre eigenen Ursprünge wiederzufinden.

Einen schwierigen Stand hatte die Offenbarungsreligion: Der fortschreitende Empirismus entzog der dogmatischen und metaphysischen Spekulation zunehmend den Boden. Wie ließe sich so in Anbetracht der kurz nachgezeichneten abendländischen Geistesgeschichte der tiefe Bruch zwischen Natur und Geist bzw. den entsprechenden Wissen-

---

[8] Vgl. Gloy 2004, S. 130f.

[9] Vgl. Flasch 1973.

[10] „[…] Donald Brinkmann hat 1943 im Anschluss an Herman Schmalenbach (1921; 1939) darauf aufmerksam gemacht, dass bei Descartes Definition [d.i. „Bewusstsein als denkende und ganz und gar unräumliche Substanz"] und Darstellung nicht übereingehen: Das Bewusstsein werde nach ihm analog zu der res extensa, [entsprechend] der klassischen mechanischen Naturwissenschaft, behandelt und nehme dadurch einen quasi-räumlichen Charakter an, den schon die Wortbildung „Innenwelt" anzeige." (Nach: Pongratz 1984, S. 111f; vgl. auch S. 172 sowie Graumann 1966, S. 82): Im Weiteren belegt Pongratz seine These durch Beispiele bei Descartes.

schaften überwinden? Denn er hat doch schwerwiegende Folgen für die globale Umweltsituation heute und in Zukunft. Die Selbsterkenntnis und Verantwortungsfähigkeit der Menschen hält mit den Entwicklungen der objektivistisch-funktionalen Wissenschaften und der Technik kaum Schritt.

Nach diesem knappen einleitenden Überblick komme ich zu meinem Vortrag: Bewusstsein und Bewusstseinswandel aus interkultureller Sicht. Zunächst muss es um eine Klärung des schillernden Bewusstseinsbegriffs gehen. Wenn heute im philosophischen und wissenschaftlichen Diskurs von „Bewusstsein" gesprochen wird, so ignoriert man dabei meist, dass es sich im Deutschen um einen relativ jungen Begriff handelt. Denn erst um 1720 hat ihn der rationalistische Philosoph Christian Wolff (Abb. 1) als Kunstwort für die philosophische Fachsprache geprägt.

Abb. 1: Christian Wolff (geadelt: Freiherr von) 1679 – 1754, prägte in seiner 1719 erschienenen Metaphysik den deutschen Begriff „Bewusstsein" („Bewußt sein") als Kunstwort der philosophischen Fachsprache.

Im Altgriechischen und Lateinischen sowie Englischen und Französischen haben die entsprechenden Bezeichnungen für „Bewusstsein" auch die ethische Bedeutung von „Gewissen", die im Deutschen fehlt. „Bewusstsein" ist also von seiner rationalistischen Herkunft her in unserer Sprache eher wert- und zweckfrei konzipiert. Man denke an das wissenschaftlich apperzeptive „Bewusstsein überhaupt" bei Kant. Diese deutsche rationalistische Fassung des Bewusstseinskonzepts ist zwar verhängnisvoll einseitig, aber auch sehr fruchtbar gewesen.[11]

Viele Sprachen besitzen indessen gar kein Wort für „Bewusstsein".

Die Provenienz des deutschen Begriffs „Bewusstsein" im Spannungsfeld des kontinentalen Rationalismus und des angelsächsischen Empirismus lässt sich ferner folgendermaßen verdeutlichen:[12]

Descartes (1596 – 1650), der meist von „Denken" (frz. pensée, lat. cogitatio), selten von „Bewusstsein" („conscience") spricht, nimmt zwar noch eine unveränderliche „Seele" an, die er manchmal gleichbedeutend mit „Geist" oder „Ich" verwendet. Sie sei aber nur mittelbar über ihr konstitutives Attribut erkennbar (sogenannter attributiver Bewusstseinsbegriff). Sein Verständnis von „Bewusstsein" ist indessen gegenüber seiner statisch rationalen Seelenvorstellung eher dynamisch gedacht, insofern Wissen und Wollen darin zusammengehen.[13]

Empiristisch orientiert, leugnet John Locke (1632 – 1704) zwar eine dem „Bewusstsein" zugrundeliegende Seelen- und Selbstsubstanz nicht, hält sie aber für unerkennbar ([rein] akzidenteller Bewusstseinsbegriff). Für David Hume (1711 – 1775) gibt es dann, wie schon zuvor bei Thomas Hobbes (1588 – 1679), „keine Kraft der Seele mehr"[14]. Ihm gilt der menschliche Geist nur als ein Bündel von schnell sich wandelnden Vorstellungen.[15] „Perzeption" ist sein Oberbegriff zu allen psychisch-geistigen Erfahrungen (aktualistischer Bewusstseinsbegriff). Gegenüber einem starren rationalistischen Begriff einer unveränderlichen „Seele"

---

[11] s. Grau 1916, S. 182 – 193f (zu Wolff).
[12] Diese und nachfolgende Ausführungen zur Geschichte des Bewusstseinsbegriffs sind teilweise Colsman 2015, S. 115 – 119, entnommen.
[13] Vgl. Schmalenbach 1930, S. 370.
[14] Hume 1912, S. 327.
[15] Zu möglichen buddhistischen Einflüssen auf Hume, z.B. seine Bündeltheorie, vgl.: Jacobsen 1969, S. 34; Gopnik 2009.

neigt der Empirismus einseitig dazu, die prozessual-phänomenal bewussten Aspekte des Psychisch-Geistigen zu betonen. Dabei geraten aber die potentiellen, zuständlichen und strukturellen Aspekte des Psychischen, z. B. der Charakter oder Gedächtnisdispositionen, leicht aus dem Blick.

Gottfried Wilhelm Leibniz (1646 – 1716) dagegen schließt in seine psychologisch bedeutsame Erkenntnis- und Monadenlehre auch geringfügige, unmerkliche, d.h. weniger oder nicht bewusste Wahrnehmungen mit ein. Und er ergänzt die perzeptiv-apperzeptive Seite der Bewusstwerdung durch eine appetitive, d.h. affektiv-voluntative. Er bleibt aber dennoch z. B. in seiner Ausrichtung auf die klar-deutliche Erkenntnis der Apperzeption dem einseitigen kontinentalen Rationalismus seiner Zeit verhaftet[16] (voluntaristischer bzw. apperzeptiver Bewusstseinsbegriff, später auch bei W. Wundt).

Immanuel Kant (1734 – 1804) strebte eine Integration von Rationalem und Empirischem an; dies zeigte sich etwa in der Neuinterpretation der Bezeichnungen „Verstand" und „Vernunft": Anders als im Mittelalter bis zur Schwelle der Aufklärung bezieht sich nach ihm „Verstand" auf die „Erfahrung" im Bereich der Sinneseindrücke und kategorialen Denkformen. „Vernunft" integriert die Daten solcher Erfahrung aufgrund von Ganzheiten, d.h. vor allem in Hinsicht auf Ideen und metaphysische Begriffe über Sinnliches hinaus.

Die genannten rationalen Sichtweisen der Seele bzw. des „Bewusstseins" tendieren – bei aller Annahme eines intuitiven oder symbolischen Erkennens – z.T. dazu, einen einseitigen Aufstieg zu höherer distinkter Erkenntnis anzunehmen. Entsprechend wird die Sinneswahrnehmung als obskur oder konfus abgewertet. Alexander Gottlieb Baumgarten (1714 – 1762), der als Begründer der neuzeitlichen abendländisch-philosophischen Ästhetik gilt, wollte dementgegen die Sinneswahrnehmung als ein klar konfundiertes Erkenntnisvermögen aufwerten. Die in ihr erkannten Merkmale der Dinge sind ihm zufolge eher verschmolzen, bezogen oder – noch positiver – „bunt"[17] zu denken.

---

[16] Vgl. Hirschberger ca. 1980, I, S. 171f.
[17] Siehe: Baumgarten 1735.

Bei aller Deutlichkeit der mental-rationalen Erkenntnis eines Gegenstandes in Abhebung zu allen anderen Objekten findet sich früh die Einsicht, dass das entsprechende apperzeptive „Bewusstsein" nicht umfassend, also unvollkommen ist: „Die rationalistische Apperzeption produziert nämlich eine Art „Schatten" für die Mitwahrnehmung der zugleich auftretenden weniger bewussten Perzeptionen. Weil aber der Geist in jedem Augenblick nur den apperzeptiven Perzeptionen zugewandt ist, glaubt er gar keine anderen Perzeptionen mehr zu haben."[18] Eine ähnliche Ausblendungsfunktion schreibt etwa Georg Friedrich Meier (1718 – 1777) in gewisser Hinsicht dem Abstraktionsvermögen im Gegensatz zur lebhaft bewusst machenden Aufmerksamkeit zu: „Von einer Vorstellung abstrahieren, heißt sie verdunkeln"[19]. In einem allgemeinen Sinn kann man auch Wolffs „großes Prinzip der Erfahrung" (magnum principium experientiae) hier anführen: „die stärkere Perzeption verdunkle (verdränge) die schwächere."[20]

So ist auch der in den neuzeitlichen Zivilisationen fraglos vorherrschende mental-rationale, d.h. wissenschaftsorientierte Schwerpunkt des Bewusstseins letztlich nur denkbar auf der Grundlage eines Unterbaus von un- und unterbewussten Faktoren, ja einschließlich des Physischen und der Umwelt; mehr noch, es erfährt das Un- oder Unterbewusste nicht selten in einer störenden Gegensatzspannung zu seiner Rationalität. Und bei Verlust von oder Mangel an umfassenderen Vermögen, wie der sittlichen Vernunft oder Weisheit, kann das eher unpersönliche Geltung beanspruchende rationale Bewusstsein sich zusehends zersplittern oder willkürlich funktionalisiert werden. Solche eigenläufig ausartenden „defizienten"[21] Seiten des bloß auf sich gestellten Mental-Rationalen hat später auch Georg Friedrich Hegel (1770 – 1831) kritisiert: der Kampf der Vernunft bestehe darin, das, was der Verstand fixiert hat, – Fixieren, Festlegen, Isolieren, gleichsam Töten ist sein wesentliches Tun – aufzulösen und zu einer lebendigen

---

[18] Grau 1916, S. 175.
[19] A.a.O., S. 205.
[20] A.a.O., S. 195f.
[21] Vgl. dazu unten Abb. 4: J. Gebsers Modell der Bewusstseinsepochen.

Einheit zu bringen.[22] Und Friedrich Wilhelm Schelling (1775 – 1854) bezeichnet den auf sich selbst und seine funktionale Welt reduzierten Verstand seinem Wesen nach als „Klarheit ohne Tiefe" und man könnte hinzufügen: „Breite ohne Einheit".[23]

Kann so gesehen das jeweilige seinem Schwerpunkt nach mental-rationale Bewusstsein des Einzelnen oder eines Kollektivs schon das eigentliche oder umfassendste Bewusstsein sein?

Wohl kaum! Dies wird besonders plausibel: wenn man z. B. mit Jean Gebser (1905 – 1973) den kulturgeschichtlichen Wandel des Bewusstseins über die Zeiten betrachtet; oder wenn man interkulturell aufgrund von Meditation veränderte Bewusstseinszustände mit dem alltäglichen Normalbewusstsein vergleicht. Denn bei tiefen meditativen Erfahrungen sind Störungen seitens unbeherrschter Regungen z. B. aus dem Un- oder Unterbewussten zeitweise zurückgedämmt oder schließlich möglicherweise ganz gewandelt. Dann wird das Bewusstsein sich immer reiner, aber u.U. auch ganzheitsbezogener auf den Menschen und die Welt hin seiner selbst bewusst. Derartige Ansätze zu einem übernational bzw. interkulturell zu wendenden mehrdimensionalen, ja universalen Bewusstseinsbegriff sollen nun kurz mit Blick auf einen möglichen Wandel zu einem integralen Bewusstsein des Menschen besprochen werden:

Ich gehe dabei zunächst vom Abendland aus: Der Kulturanthropologe deutscher Herkunft, Jean Gebser, hat anhand von kulturgeschichtlichen Dokumenten fünf Entwicklungsepochen des „Bewusstseins" über die Menschheitsgeschichte herausgearbeitet (Abb. 2, s. S. 22).

Zumal sich diese Epochen mit Abwandlungen in der Einzelentwicklung vom Kind zum alten Menschen wiederholen, erscheint mir deren Analyse anregend für eine offene Anthropologie, die den Menschen nicht auf die eine oder andere Dimension seines Seins und Bewusstseins reduziert. Das entsprechende ganzheitsorientierte Menschen- und Weltbild kommt verdichtet in der von Gebser skizzierten integralen Stufe („Mutation") des Bewusstseins zum Ausdruck, die sich im 20. Jh. an-

---

[22] Frei nach Hoffmeister 1955, „Vernunft".
[23] Nach a.a.O. „Verstand".

kündigt. Die früheren Bewusstseinsschwerpunkte sind darin verwandelt und – quasi im Hegelschen Sinne – „aufgehoben", d.h. zugleich bewahrt, überwunden und auf höherer Ebene integriert. So kann das Modell Gebsers helfen, jenseits moderner oder postmoderner Zerstreuungen

Abb. 2

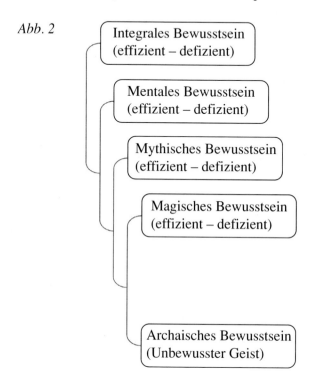

in Überinformation einen mehrdimensionalen integralen Horizont offenzuhalten. Es vermeidet so einen heillosen Bruch mit der Geschichte, verführt aber auch nicht zu Regressionen ins Vergangene.[24] Leider kann ich hier nur exemplarisch auf einige wenige Aspekte des differenzierten Gebserschen Modells eingehen, die einen möglichen integrativen Wandel des Bewusstseins heute betreffen.[25]

---

[24] Vgl. a.a.O., S. 53.

[25] Eine ausführlichere Zusammenfassung des Modells Gebsers findet sich z.B. in: Colsman 2015, S. 48 – 53, leicht veränderter Nachdruck in: Evangelische Perspektiven, Heft 9, 2015, Anhang S. 134.

Während das primär mental-rational zentrierte Bewusstsein dreidimensional auf den perspektivisch-gegenständlich in kleinen Ausschnitten erfassten Raum hin orientiert ist, kommt im integralen, gleichsam „vierdimensionalen" Bewusstsein das Durchlässigwerden für das Geistige selbst hinzu: Der Mensch ist hier nicht mehr vor allem „ichhaft" in seinem Subjektstand, sondern „ichfrei", d.h. wenn angemessen, fähig aus Ichstärke zu handeln, aber auch in der Lage, sein mentales Ego zu relativieren. Im Spirituellen erweitert sich die Vorstellung eines rational-dogmatisch verstandenen Gottes zur tiefen existentiellen Erfahrung der Gottheit auf dem Grunde des Seins und Lebens. Übrigens: Gebser nimmt in seiner integralen Weltsicht auch ausdrücklich Bezug auf neuere Entwicklungen, zum Beispiel in Quantenphysik, Biologie und Psychologie.[26]

Da ich im Rahmen des Vortrags leider buddhistische Differenzierungen des Bewusstseins auf grober, subtiler und sehr subtiler Ebene nicht besprechen kann, erörtere ich im Folgenden ersatzweise einige Aspekte des integrativen Bewusstseins bei einem neuzeitlichen indischen Denker:

Es handelt sich um einen zweiten großen Anreger des Integralen, den in England aufgewachsenen indischen Dichter und Yogaphilosophen Sri Aurobindo (1872 – 1950). Er hat zusammen mit seiner Gefährtin Mira Alfassa (1878 – 1973) den Integralen Yoga, d.h. etwa „ganzheitsorientierten spirituellen Übungsweg", begründet. Sri Aurobindo denkt eher evolutionär. Neben einer physischen, vitalen und mentalen Evolution aus der Involution von unten kennt er allerdings auch Impulse einer Evolution von oben. In unserer Zeit sieht er z. B. über die mentale Evolution des Menschen von unten hinaus eine integrale „supramentale" Intelligenz herabkommen. Möglicherweise mag sie die komplexen globalen Probleme der Menschheit besser lösen als das Mental-Rationale allein.[27] Sri Aurobindo und vor allem Mira Alfassa haben dazu im Geist dieses Ansatzes in Pondicherry und Auroville (Südostindien) zwei größere, international geförderte Gemeinschaften begründet.

---

[26] Vgl. z. B.: Gebser 1963.
[27] Vgl. Dörner et al.: Lohausen: Vom Umgang mit Komplexität. Bern 1983.

23

Leider kann ich hier auch zum Integralen Yoga nur einige Aspekte andeuten. Über einen „spirituellen Übungsweg" (Yoga[28]) kann der Mensch sein enges innerweltlich-natürliches Bewusstsein weiten und intensivieren, nämlich:

1. vom innersten seelischen Personzentrum her kraft Glaubens und liebender Hingabe (Bhakti-Yoga);
2. von oben, d.h. höheren, noch „mental" bedeutsamen Geistebenen her im Yoga umfassenderer Erkenntnis (Jñāna-Yoga);
3. nach außen durch leibhaftes Handeln und Verwirklichen in der Welt (Karma-Yoga).

Ich erläutere diese drei Stufen bzw. Aspekte des Integralen Yoga kurz komprimiert anhand des komplexen Modells Sri Aurobindos. Jedes geglückte Bemühen um Weitung und Wandlung des Bewusstseins muss vom „normalen" Alltäglichen ausgehen und souverän wieder dazu zurückkehren können (Abb. 3a: Modell der innerweltlichen Normalpsychologie).

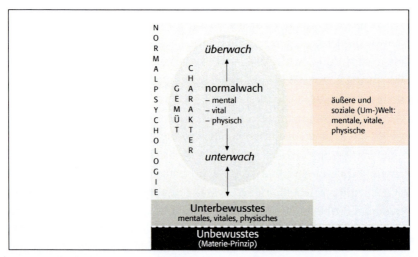

Abb. 3a: Modell der innerweltlichen Normalpsychologie

---

[28] Das Wort Yoga lässt sich ableiten von der Sanskrit-Verbwurzel yuj- „anjochen", d.h. an das Göttliche oder Absolute.

Mit der ersten, d.h. „seelischen Wandlungsstufe" (Abb. 3b, links) geht eine grundlegende Läuterung vor allem des Vitalen, Gefühlsmäßigen, einher. Sie gewährt einen gewissen Schutz in geistigen Dingen (Abb. 3b, „Zwischenzone").

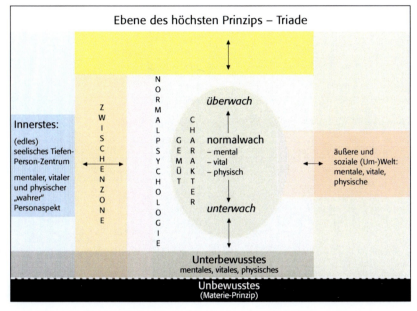

Abb. 3b: „Seelische Wandlung" vom Innersten (Gemüt) her

Mit dieser Stufe ist eine zunehmende natürliche Sammlung verbunden, die auch gesondert vertiefend geübt werden kann. So erschließt sich im „subtilen Bewusstsein" der feinstoffliche Innenleib und ein entsprechendes „Umgebungsbewusstsein" (der Aura) (Abb. 3c).

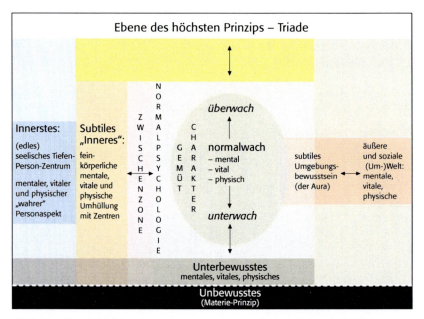

Abb. 3c: Erschließung subtiler Aspekte des Bewusstseins infolge meditativer Übung

Auf der zweiten Stufe, der sog. „spirituellen Wandlung" wird vor allem das gewöhnliche Mentale geistig geweitet und transformiert (Abb. 3d, vier Stufen über dem Normalbewusstsein in der Mitte). Jeder Aufstieg ist dabei in der Regel mit einem nachfolgenden Herabkommen verbunden, wobei besonders auf höchster, noch mental-geistiger Ebene des Obermentalen eine Öffnung zum „Kosmischen Bewusstsein" erfolgt.

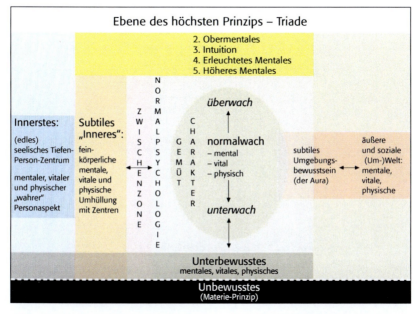

Abb. 3d: Entfaltung der höheren mentalen Geistebenen (2 – 5)

27

Auf der dritten Stufe, der sog. „supramentalen Wandlung" (Abb. 3e, oben 1.) wird das Mentale überschritten, aber zugleich der ganze Mensch, vor allem auch das Physische und Unterbewusste[29], (Abb. 3e, unten) transformiert. Damit eröffnet sich eine neue, über das Mentale hinausgehende evolutionäre Möglichkeit, die auch zu ungehindertem heilsamen[30] Handeln und Verwirklichen in der Welt in vollstem Sinn befähigt (Abb. 3e, rechts).

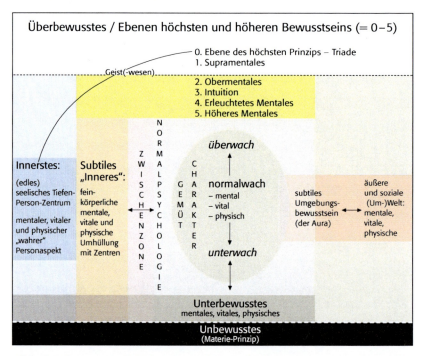

Abb. 3e: Gesamtmodell der Entwicklung des Bewusstseins im integralen Yoga

---

[29] Sri Aurobindo spricht von „unconscious", sondern von „inconscient", insofern das Unterbewusste potentiell auf „Bewusstsein" angelegt ist.

[30] Vgl. den etymologischen Zusammenhang von deutsch „heil" mit englisch „whole", „ganz".

Der Integrale Yoga integriert also all diese traditionellen Yogawege stufenweise. Das in der Evolution herabkommende Supramentale ist jedoch kaum mehr hinreichend begrifflich-rational darzustellen. Es drückt sich aber gleichsam in einer neuen Sprache aus. Der letztliche Aufstieg zu ihm bzw. sein volles Herabkommen ins „Erdbewusstsein" ist für Sri Aurobindo zunächst eine Aufgabe von dazu gereiften Pionieren. Dennoch gehen mit ihm in der Menschheit auch Ausweitungs- und Wandlungsprozesse z. B. auf höheren Ebenen des noch mentalen Bewusstseins einher. Bei aller Abgehobenheit des Postulats eines neuen evolutionären, supramentalen Bewusstseinshorizonts ist es in unserer Zeit spürbar, dass in vielen Bereichen des Lebens eine Weitung, Intensivierung und Integration des Bewusstseins stattfindet, auch und vor allem im alltäglichen Tun und Bewusstsein (s. Abb. 3a, S. 23). Dies kommt vielleicht heute im Abendland auch in der hohen Aktualität von „Achtsamkeitsübungen"[31] zum Ausdruck. Doch gehen bei einer bloß säkularen Übernahme von Übungen aus den großen Weltreligionen nicht selten grundlegende Aspekte einer integrativen Spiritualität verloren, vorab Gemütswerte und der Glaube.

Kurz sei noch erwähnt, dass z. B. indische Sprachen, wie das Sanskrit, eine größere Zahl von Ausdrücken für „Geist" und „Bewusstsein" kennen als abendländische Sprachen. Ferner denkt Sri Aurobindo in hinduistischer Tradition alles Seiende – potentiell oder aktual – vom Geistigen bzw. vom „Bewusstsein" her. Sein Bewusstseins-Begriff ist also viel weiter als der deutsche, vorwiegend mental-rationale, wie ich ihn eingangs skizziert habe, ja er umfasst sogar das latente „Bewusstsein" (inconscient) in der Materie und im Biologischen bei der Evolution von unten.

Blicken wir zurück auf das Gesagte, so lässt sich festhalten:

Der mental-rationale Verstand und das entsprechende Bewusstsein hat in den menschheitlichen Zivilisationen außerordentlich große Früchte hervorgebracht und wird sie hervorbringen. Es kann also, auch

---

[31] „Achtsamkeit", auch „(Gedächtnis und) Vergegenwärtigung", entspricht einer möglichen Übersetzung des buddhistischen Sanskritbegriffs „smṛiti".

bei einem integrativ erweiterten Bewusstsein, nicht darum gehen, das rationale Bewusstsein abzuwerten oder in seiner Kraft zu mindern. Doch bedarf es einer integrativen Aufklärung, einer größeren Vernunft, die in vielem differenzierter ist als der bloß rationale Verstand.[32] Insofern handelt es sich bei einem integralen Bewusstsein und der entsprechenden existentiellen Verfassung keineswegs um ein nivellierendes modisches Postulat,[33] einen New-Age-Mystizismus oder eine Regression zu früheren Bewusstseinsstufen.

Mir scheint, dass die bedeutenden Anreger eines integralen Denkens und Umsetzens, von denen ich nur einige beispielhaft genannt habe, wegweisende Impulse in einer orientierungslosen hochproblematischen Zeit gegeben haben. Auch der Dialog der kontemplativen Traditionen des Abendlandes und Asiens mit der Quantentheorie mag zu einem neuen ganzheitsorientierten Welt- und Menschenbild beitragen. Insgesamt lässt sich so der schroffe unversöhnliche Dualismus zwischen Geist und Natur ein Stück weit seinen förderlichen Potenzialen nach einlösen und aufheben.

Ich wünsche den Teilnehmenden an diesem Gesprächsforum einen regen Austausch und danke allen, die am Zustandekommen der Tagung bzw. Publikation beteiligt waren.

Literatur

Alexander Gottlieb Baumgarten. Meditationes philosophicae de nonnullis ad poema pertinentibus. 1735.
Aurobindo, Sri: Der integrale Yoga. Mit einem Essay von Otto Wolff. Hamburg: Rowohlt, 1977.
Colsman, Michael: Bewusstsein, konzentrative Meditation und ganzheitsorientiertes Menschenbild. Bochum: FGL-Verlag, 2. Aufl., 2015. (Diss. Fak. Mathematik und Naturwissenschaft, Fachbereich Psychologie, Univ. Oldenburg 2011).

---

[32] Ein Beispiel wäre das Grundlagenwerk der Musikpsychologie von A. Wellek 1987.
[33] Vor allem die neueren Publikationen von Ken Wilber sind nicht davon frei.

Dörner, Dietrich et al.: Lohausen: Vom Umgang mit Komplexität. Bern 1983.

Drieschner, Michael: Carl Friedrich von Weizsäcker – Eine Einführung. Pößneck: Junius/Panorama, o.J.

Enomiya-Lassalle, Hugo M.: Wohin geht der Mensch? Zürich: Benziger Verlag 1981.

Flasch, Kurt: Die Metaphysik des Einen bei Nikolaus von Kues. Leiden: E.J. Brill, 1973, Habilitationsschrift.

Gebser, Jean: Abendländische Wandlung. Berlin/Zürich: Ullstein, 1963.

Ders.: Asien lächelt anders. (1968) In Band VI der Gesamtausgabe bei Novalis, 1976f. Später auch unter dem Titel Asienfibel.

Ders.: Wandlung des Bewusstseins. Tonkassette des Radio Vatikan, Nr. 124.

Ders.: Ursprung und Gegenwart. Stuttgart: Deutsche Verlagsanstalt, 1966/1971 (1. Aufl. 1949ff, bzw. im Rahmen der Gesamtausgabe: Schaffhausen: Novalis, 1977/1999).

Gloy, Karen: Bewusstseinstheorien. Freiburg/Br.: Alber, 3. Aufl. 2004.

Dies.: Die Geschichte wissenschaftlichen Denkens – Verständnis der Natur. = Bd. I; Die Geschichte des ganzheitlichen Denkens – Verständnis der Natur. = Bd. II: C.H. Beck, München, 1995 bzw. 1996.

Görnitz, Thomas: Carl Friedrich von Weizsäcker – Ein Denker an der Schwelle zum neuen Jahrtausend. Herder: Freiburg/Br., 1992.

Gopnik. Alison: „Could David Hume have known about Buddhism? Charles Francois Dolu, the Royal College of La Flèche, and the Global Jesuit Intellectual Network." In: Hume Studies vol. 35 Nr. 1&2 (2009) 5 – 29.

Grau, Kurt J.: Die Entwicklung des Bewusstseinsbegriffs – im XVII. und XVIII. Jahrhundert. Halle a.S., 1918.

Ders.: Bewusstsein, Unbewusstes, Unterbewusstes. Philos. Reihe Bd. 47. München: Rösl, 1922.

Hellbusch, Kai: Das integrale Bewusstsein – Jean Gebsers Konzeption der Bewusstseinsentfaltung als prima philosophia unserer Zeit. Berlin: Tenea, 2003.

Hirschberger, Johannes: Geschichte der Philosophie. II. Herder: Freiburg/Komet ca. 1980.

Heisenberg, Werner: Quantentheorie und Philosophie – Vorlesungen und Aufsätze. Ditzingen: Reclam, 1979.

Hoffmeister, Johannes: Wörterbuch der Philophischen Begriffe. Hamburg: Meiner, 1955.

Hume, David: Traktat über die menschliche Natur. I. Übers. Th. Lipps 1912.

Jacobson, Nolan Pliny: „The possibility of Oriental influence: in Hume's philosophy". In: Philosophy In: East and West, Vol. 19, No. 1 (1969), pp.17 – 37.

Liebrucks, Bruno: Sprache und Bewusstsein. Bde. III (1966), V (1970) u. VI.1 – 6.3 (1974) zu Hegel; Bd. VII: Teil 1. Mythos u. Logos, Teil 2: Bewusstseinsstufen im Werk Friedrich Hölderlins (1979). Frankfurt/M.: Peter Lang, 1969ff.

Mann, Frido und Christine: Es werde Licht – Die Einheit von Geist und Materie in der Quantenphysik. Frankfurt/M.: Fischer, 2017.

Picht, Georg: Der Begriff der Natur und seine Geschichte. Mit einer Einführung v. Carl Friedrich v. Weizsäcker. Stuttgart: Klett-Cotta, 1989.

Pongratz, Ludwig: Problemgeschichte der Psychologie. München: Francke, 2. verb. Aufl., 1984.

Schmalenbach, Herman: „Das Sein des Bewusstseins". In: Philosophischer Anzeiger IV Jg. (1930) 354 – 432.

Ders.: Geist und Sein. Basel: Verlag Haus zum Falken, 1939.

Weizsäcker, Carl Friedrich von: Bewusstseinswandel. München: Hanser 1988.

Wellek, Albert: Musikpsychologie und Musikästhetik. Bonn: Bouvier, 2. Aufl., 1987.

2. Quantenphysik und neues Naturverständnis

2.1 Philosophische Anfragen an das Naturverständnis der Naturwissenschaften

Michael Drieschner

Zusammenfassung: *Die moderne Naturwissenschaft – fundamental vor allem die Quantentheorie – hat uns Einsichten über die Wirklichkeit beschert, von denen unsere philosophischen Vorfahren noch nicht träumen konnten. Zugleich hat diese Naturwissenschaft technische Anwendungen ermöglicht, die unser Leben, verglichen mit dem unserer Vorfahren vor 300 Jahren, paradiesisch erscheinen lässt. Bei aller Freude über diesen Fortschritt diskutieren wir zunehmend seine Kehrseite: Die Technik lässt sich außer zur Erleichterung des Lebens auch zu furchtbarer Zerstörung einsetzen; außerdem führen die Erleichterungen, die uns das Leben bequemer machen, ebenfalls zu Zerstörungen unserer Welt. Mit Atomwaffen können wir die Erde in einem Augenblick unbewohnbar machen, durch unsere Bequemlichkeit im Lauf der Zeit ebenso. Ist das von der Struktur der Naturwissenschaft her unausweichlich? Kann die Philosophie eine Antwort auf die Frage: „Was sollen wir tun?" geben? Können wir der Naturwissenschaft ihre Unschuld zurückgeben, indem wir uns auf die reine Schau der Geheimnisse der Wirklichkeit beschränken, ohne der Versuchung nachzugeben, in den Lauf der Natur einzugreifen? – Letzteres, meine ich, ist nicht möglich, denn die Naturwissenschaft ist von der Wurzel her (radikal) auf technische Anwendung hin orientiert. Der nötige Bewusstseinswandel muss trotz dieser unauflöslichen Verbindung gelingen.*

Abstract: *Die Quantentheorie ist die allgemeine Theorie der Veränderung beliebiger Objekte – also ein allgemeiner Zugang zu einem Naturverhältnis. Es werden einige Glanzlichter gesetzt, welche die heute vor allem diskutierten Probleme der Quantentheorie beleuchten:*

Als Kontrastbild die „Ontologie der Klassischen Physik", erläutert an der „Intelligenz" nach Laplace; der Indeterminismus der Quantentheorie mit der Kontroverse zwischen Einstein und Bohr; die Frage nach der Wirklichkeit „dahinter", deren Berechtigung am Beispiel der Sprechweisen von D. Bohm und H. Everett sowie mit der Thermodynamik als Gegenbeispiel bestritten wird anhand des Problems der „Zeitrichtung", das schon längst von J.W. Gibbs und C.F. von Weizsäcker gelöst ist; die Notwendigkeit der klassischen Begriffe; die Frage nach der „Physik a priori". – Schließlich werden, dem Zusammenhang des Symposiums entsprechend, die Bemühungen Weizsäckers um die Erhaltung des Friedens geschildert.

Zur Person: *Prof. Dr. Michael Drieschner ist Physiker und Philosoph, promovierte in Philosophie bei Carl Friedrich von Weizsäcker mit einer Arbeit über die Axiomatik der Quantenmechanik; war Wissenschaftlicher Mitarbeiter des Max-Planck-Instituts zur Erforschung der Lebensbedingungen der wissenschaftlich-technischen Welt; Habilitation über die begrifflichen Grundlagen der Quantenmechanik; Forschungsschwerpunkte: philosophische Grundfragen der Naturwissenschaften, insbesondere der Quantenmechanik, und deren Einordnung in einen größeren Zusammenhang. Von 1986 – 2006 Leiter der Arbeitsgruppe Naturphilosophie an der Ruhr-Universität Bochum.*

Der Titel unseres Symposiums bringt die Stichwörter „Naturverhältnis" und „Quantentheorie" zusammen. Was haben sie miteinander zu tun?

Zunächst: Wie im Abstract gesagt, ist die Quantentheorie die allgemeine Theorie der Veränderung beliebiger Objekte – also ein allgemeiner Zugang zu einem Naturverhältnis. Man kann sie außerdem als die allgemeinste Theorie für empirisch prüfbare Voraussagen betrachten – als die allgemeinste „objektivierende Wissenschaft". Die – dann sogenannte – „klassische" Mechanik hatte man auch einmal als die allgemeinste Theorie der Wirklichkeit angesehen. Die Quantentheorie ergibt aber gegenüber der klassischen Mechanik einen ganz neuen Zugang zur Welt. Der entscheidende Unterschied zwischen der klassischen Mechanik und der Quantentheorie ist ihr Indeterminismus.

Die Ontologie der klassischen Physik

Lassen Sie mich zunächst das explizit machen, was wir uns angewöhnt haben, die „Ontologie" (oder „Weltsicht") der klassischen Physik" zu nennen, also dasjenige Weltbild, mit dem die Quantenmechanik in Konflikt gerät. In diesem Bild wird die Welt – meist nicht ausdrücklich – angesehen als ein System aus einzelnen Körpern und zwischen ihnen wirkenden Kräften, das sich nach bestimmten Gesetzen fortentwickelt, die zu erforschen die Aufgabe der Physik ist. Diese Fortentwicklung läuft ohne unser Zutun ab und unabhängig davon, ob wir sie betrachten oder nicht, sie läuft in diesem Sinne „an sich" und lässt sich in ihrem Ablauf objektiv beschreiben. Traditionell denkt man sich das am ehesten wie ein mechanisches Uhrwerk, vielleicht nach dem Muster eines mechanischen Planetenmodells. Die modernere Physik hat dem noch einige neue Züge angefügt, z. B. durch die Einführung von Feldern als selbständigen Objekten, durch die Relativierung der Gleichzeitigkeit und die Beschreibung einer gekrümmten Raumzeit, aber auch mit diesen Modifikationen lässt sich die Vorstellung einer an sich ablaufenden, objektiv beschreibbaren Welt aufrechterhalten.

Zu dieser Ontologie der klassischen Physik gehört entscheidend auch der *Determinismus* der Theorie. Kant formuliert in der zweiten Analogie der Erfahrung[34]: „Alles, was geschieht (anhebt zu sein), setzt etwas voraus, worauf es *nach einer Regel* folgt." Hier setzt Kant als selbstverständlich voraus, ohne es ausdrücklich hervorzuheben, dass diese Regel in unserem Sinn deterministisch ist, nämlich, dass die Regel *eindeutig* bestimmt, welche Wirkung aus der Ursache folgt. Jedenfalls ist diese Kausalität so gedacht, dass aus ihr *an sich* die Wirkung eindeutig folgt, auch wenn wir die Wirkung im Allgemeinen faktisch nicht vorhersagen können. Wir sind allerdings in gewissen Fällen in der Lage, unser Teil-Wissen als eine Wahrscheinlichkeitsaussage zu formulieren. Dabei kön-

---

[34] Kant 1781, S. 189

nen wir wiederum, gemäß der Ontologie der klassischen Physik, voraussetzen, dass „an sich" der Ablauf vollständig determiniert ist, dass also die Wahrscheinlichkeit ausschließlich unser mangelndes Wissen betrifft. Die klassische Formulierung dieser Auffassung hat Pierre Simon (de) Laplace geliefert in seinem Essay über Wahrscheinlichkeiten.

Laplace war ein genialer Mathematiker und Physiker. Er hat u.a. die Methoden erheblich verbessert, mit denen man etwas das Planetensystem berechnen konnte; denn es ist, trotz der Einfachheit der Newtonschen Mechanik z. B. unmöglich, eine Lösung des „Dreikörperproblems" anzugeben, also für die Bewegung von drei Körpern, die sich gegenseitig mit Gravitationskraft anziehen (für zwei Körper geht das problemlos). Also muss man möglichst effektive Näherungsverfahren suchen. Laplace hat sich außerdem mit Wahrscheinlichkeit befasst, sowohl theoretisch als auch empirisch, indem er z. B. Erhebungen über die Lebensdauer der Pariser Bevölkerung angestellt hat wie auch über die Verteilung der Geburten auf die Geschlechter. Die Wahrscheinlichkeitsrechnung war ja zu der Zeit noch eine relativ neue Disziplin, verglichen mit den schon in der Antike betriebenen Algebra und Geometrie. Laplace hat eine umfangreiche Abhandlung über Wahrscheinlichkeit geschrieben, in deren Vorwort er auch darauf eingeht, was etwa „hinter" den Wahrscheinlichkeitsgesetzen steht, nämlich die vollständige Bestimmtheit der Abläufe. Er schreibt:

„Une intelligence qui, pour un instant donné, connaîtrait toutes les forces dont la nature est animée, et la situation respective des êtres qui la composent, si d'ailleurs elle était assez vaste pour soumettre ces données à l'analyse, embrasserait dans la même formule, les mouvements des plus grands corps de l'univers et ceux du plus léger atome: rien ne serait incertain pour elle, et l'avenir comme le passé, serait présent à ses yeux."[35]

---

[35] Laplace 1812, S. 2: „(Wir müssen also den gegenwärtigen Zustand des Universums als Folge eines früheren Zustandes ansehen und als Ursache des Zustandes, der danach kommt.) Eine Intelligenz, die in einem gegebenen Augenblick alle Kräfte kennt, mit denen die Welt begabt ist, und die gegenwärtige Lage der Gebilde, die sie zusammensetzen, und die überdies umfassend genug wäre, um diese Kenntnisse der Analyse zu unterwerfen, würde in der gleichen Formel die Bewegungen der größten Himmelskörper und die des leichtesten Atoms einbegreifen. Nichts wäre für sie ungewiss, Zukunft und Vergangenheit lägen klar vor ihren Augen." Deutsche Übertragung aus: Hofling 1994. – Dieses Zitat stammt aus einem Sonderdruck der Einleitung zu Laplace 1812.

Damit ist in Kürze der Kern des „klassischen" Weltbildes zusammengefasst. Laplaces Formulierung zeigt aber zugleich, wenn vielleicht auch unbeabsichtigt, die Ausschaltung der eigentlichen Zeitstruktur in der Ontologie der klassischen Physik: Zukunft und Vergangenheit sind dem Auge zugleich gegenwärtig, d.h. es gibt eigentlich nur die Gegenwart; Zukunft und Vergangenheit sind strukturell zugleich vorhanden und können von der unterstellten überragenden Intelligenz gegenwärtig vor Augen gestellt werden.

Dies ist nicht nur die extreme Meinung eines Mechanisten des 18. Jahrhunderts, sondern auch Albert Einsteins, dem die Revolution der modernen Physik entscheidende Anstöße verdankt, hat noch kurz vor seinem Tod sein Weltbild in ähnlichem Sinn formuliert. Er schreibt den Hinterbliebenen seines kurz zuvor verstorbenen Jugendfreundes Michele Besso:

„Nun ist er mir auch mit dem Abschied von dieser sonderbaren Welt ein wenig vorausgegangen. Dies bedeutet nichts. Für uns gläubige Physiker hat die Scheidung zwischen Vergangenheit, Gegenwart und Zukunft nur die Bedeutung einer, wenn auch hartnäckigen, Illusion."[36]
(Speziali 1972)

Einstein setzt hier praktisch das gleiche Weltbild voraus wie Laplace, nämlich, dass es die Ereignisse in Raum und Zeit irgendwie „gibt", und dass der Unterschied von Vergangenheit, Gegenwart und Zukunft eine „Illusion" ist, also nicht in die Realität gehört. Das ist einerseits „ewige Gegenwart", im Sinne der griechischen Metaphysik, andererseits wird es von Einstein physikalisch konkretisiert im Bild des Raum-Zeit-Kontinuums, in dem die Zeit wie eine weitere Raum-Koordinate behandelt wird.

Die Einsteinsche Formulierung mag in dieser Ausprägung extrem sein, aber in einer deterministischen Theorie, wie sie die Ontologie der klassischen Physik als prinzipiell richtig unterstellt, ist ein solches Weltbild naheliegend, wenn nicht gar unvermeidbar.

---

[36] Speziali 1972.

Quantentheorie

Diese Auffassung passt nicht mehr ohne weiteres zur Quantentheorie: Das Ergebnis einer quantenmechanischen Berechnung, das man auch hier „Zustand" nennt, gibt für fast alle möglichen Voraussagen über Messungen keinen eindeutigen Wert an, sondern Wahrscheinlichkeiten für *verschiedene* mögliche Werte. Und zwar gilt das auch dann, wenn der Zustand die genaueste Beschreibung ist, die gemäß der Quantenmechanik überhaupt für das beschriebene System gegeben werden kann. – So weit gibt es keinen Dissens unter den Fachleuten. Der Dissens entsteht, wenn man fragt, was denn nun die *Wirklichkeit* ist, die *hinter* dieser Beschreibung mit Wahrscheinlichkeiten steckt. Bei den klassischen Theorien war das klar: Die Eigenschaften, welche die Theorie beschreibt, kommen den beschriebenen Objekte wirklich zu; ein Planet ist wirklich an dem Ort und hat wirklich die Geschwindigkeit, welche die Theorie beschreibt – auch wenn wir aus praktischen Gründen auf Näherungen und Wahrscheinlichkeitsangaben angewiesen sind. Die Ergebnisse der Quantenmechanik dagegen haben im Allgemeinen die Form: „Wenn die und die Größe gemessen wird, dann wird mit der und der Wahrscheinlichkeit das und das Ergebnis herauskommen." Davon, wie es „wirklich" ist, ist dabei nicht die Rede. Kann man trotzdem auch bei der Quantenmechanik eine Beschreibung von Wirklichkeit „an sich" finden?

Albert Einstein und Niels Bohr, die beiden herausragenden Gestalten der Physik des 20. Jahrhunderts, repräsentierten dazu prototypisch die gegensätzlichen Positionen: Bohr freute sich, dass sich nun auch in der Physik das zeigte, was er ohnehin für richtig hielt, nämlich dass man eine „an sich" vorhandene Wirklichkeit, unabhängig vom Beobachter oder Beschreiber, nur in Ausnahmefällen angeben kann. Einstein dagegen hielt die Quantenmechanik nur für eine vorläufige Theorie, eine Annäherung an die noch ausstehende endgültig richtige Physik, die „selbstverständlich" eine Beschreibung der Wirklichkeit unabhängig vom Menschen enthalten müsse.

Heute hat sich die Quantenmechanik so vielfältig bewährt, dass kein Fachmann noch eine neue, ganz andere Theorie erwarten würde. Der praktisch tätige Physiker arbeitet mit den Wahrscheinlichkeiten als seinem alltäglichen Werkzeug und fragt im Alltag nicht lange nach. Aber die Frage nach der „Realität" in der Quantenmechanik wird doch immer wieder gestellt. Unter den Versuchen, in der Quantenmechanik eine Beschreibung der „an sich" vorhandenen Wirklichkeit zu finden, gibt es vor allem zwei, die in letzter Zeit wieder verstärkt diskutiert werden, nämlich:

1. Die Theorie der verborgenen Parameter, die auf David Bohm[37] zurückgeht. Sie unterscheidet sich im Formalismus und daher auch in den Voraussagen nicht von der Quantenmechanik, sagt aber dazu, dass die beschriebenen Teilchen *in Wirklichkeit* immer einen bestimmten Ort und Impuls hätten, auch wenn diese Größen durch die Quantenmechanik gewöhnlich nicht beschrieben würden; und diese Größen seien prinzipiell nicht feststellbar. Das ist, wie die Bohm-Schule gezeigt hat, widerspruchsfrei möglich, allerdings mit vielen Merkwürdigkeiten. Z. B. können Teilchen in der Bohmschen Interpretation mit Über-Lichtgeschwindigkeit fliegen – was, nach den „Bohmianern" empirisch nichts ausmacht, weil man die Teilchenbahnen ohnehin nicht feststellen kann; aber es bedeutet eine Inkonsistenz des Theorie-Zusammenhangs. Ähnliche Merkwürdigkeiten gibt es vielfach in der Bohmschen Sprechweise[38].

2. Die sogenannte „Viele-Welten-Theorie", die auf H. Everett[39] zurückgeht und von B. DeWitt weiterentwickelt wurde.[40] Sie bezieht sich auf die Tatsache, dass gemäß der Quantenmechanik verschiedene mögliche Messergebnisse mit verschiedenen Wahrscheinlichkeiten vorausgesagt werden, und dass man diese verschiedenen Messergebnisse jeweils entsprechenden neuen Zuständen des be-

---

[37] Bohm 1952.
[38] Vgl. Passon 2009.
[39] Everett 1957.
[40] DeWitt 1970.

trachteten Objekts zuordnen kann. Man betrachte z. B. eine experimentelle Anordnung, bei der ein Strom von Elektronen in zwei Teilströme genau symmetrisch geteilt wird, etwa rechts und links.[41] Dann ist für jedes Elektron die Wahrscheinlichkeit, dass es im linken Teilstrom gefunden wird, genau so groß wie im rechten, also je ½. Quantenmechanisch kann man sich das so vorstellen, dass der Zustand des anfliegenden Elektrons sich in zwei Teilzustände, rechts und links, spaltet. Betrachtet man nun ein einziges Elektron, dann wird es am Schluss z. B. links herausgekommen sein, und demgemäß rechts nicht; dass es rechts hätte herauskommen können, war vorher eine Möglichkeit, die sich im Ergebnis nicht realisiert hat. Es ist der besondere Indeterminismus der Quantenmechanik, dass es prinzipiell ausgeschlossen ist, vorher zu bestimmen, welche der Möglichkeiten sich hinterher als realisiert herausstellen wird. – Die „Viele-Welten-Theorie" sagt nun, „in Wirklichkeit" sei nicht nur eine der Möglichkeiten realisiert, sondern beide Möglichkeiten würden real. Mit der Teilung in diese beiden Möglichkeiten teile sich aber zugleich das ganze Universum in zwei neue Universen, und zwar so, dass in einem Universum das Elektron links herausgekommen ist, in dem anderen rechts. In jedem der beiden Universen gebe es auch wieder den Beobachter, und je nach dem, in welchem der beiden Universen der Beobachter sich befände, würde er eben nur das rechte oder nur das linke Elektron feststellen.

Ich gestehe, dass ich in dieser Sprechweise genauso wenig wie in der Bohmschen einen Vorteil erkennen kann. Während die Bohm-Schule Eigenschaften der behandelten Objekte einführt, von denen sofort gesagt wird, dass sie prinzipiell nicht feststellbar (und noch dazu sehr exotisch) sind, führt die Everett-Schule ganze Universen ein, von denen wir prinzipiell keine Erfahrung haben können – alles nur, um das, was die Quantenmechanik beschreibt, als direkte Beschreibung einer „an sich" vorhandenen Wirklichkeit verstehen zu können.

---

[41] Man kann dabei an das berühmte Stern/Gerlach-Experiment (1922) denken. Das ist aber nicht nötig; es kann auch jedes andere so beschreibbare Experiment sein.

Die Vertreter beider Schulen schlagen dabei nur neue Sprechweisen vor, die keine realen Konsequenzen haben und die man auch in „normale" Sprache zurückübersetzen kann. Spricht man etwa statt von „anderen Universen, die uns nicht zugänglich sind" von „nicht verwirklichten Möglichkeiten", dann klingt alles recht normal und nicht anders als das, was auch Physiker sagen, die nicht Everett anhängen.

Die Wirklichkeit „dahinter"

Es ist bei vielen Interpreten der Quantenmechanik die große Sehnsucht zu sehen, zu erfahren, was in der Quantenmechanik denn „wirklich" passiert. Aber kann man eine solche Frage ohne weiteres stellen? – Ich denke, wenn sich jemand nicht damit zufrieden geben will, das zu referieren, was die Quantenmechanik tatsächlich ergibt – nämlich mit Wahrscheinlichkeiten versehene Voraussagen für Messergebnisse –, dann müsste er zunächst fragen, was man schon voraussetzt, wenn man nach der Wirklichkeit „dahinter" sucht. Ist eine solche Suche überhaupt sinnvoll? Muss es ein „Dahinter" überhaupt geben? – Die bisherigen Antworten – an prominentester Stelle die von Bohm und Everett / DeWitt – scheinen eher nahezulegen, dass man da „falsch gefragt" hat.

Thermodynamik

Einstein hatte eher die Vorstellung, dass auch die Quantentheorie schließlich auf etwas Ähnliches wie die Thermodynamik hinauslaufen würden. Die Thermodynamik entstand als Theorie der Dampfmaschinen, es zeigte sich aber bald, dass damit ein ganz neuer, sehr umfassender Bereich der Physik entdeckt war. In unserem Zusammenhang ist vor allem die Zurückführung der Thermodynamik auf statistische Mechanik interessant: Man betrachtet etwa ein Gas in einem Behälter als eine Menge von unvorstellbar vielen winzigen Molekülen, die sich gemäß der Mechanik bewegen, an die Gefäßwände stoßen und gelegentlich auch zusammenstoßen. Bestimmte Mittelwerte von Ort und Geschwindigkeit der Moleküle machen sich als Druck, Temperatur o.ä. des Gases bemerkbar. Man kann die Gesetze der Thermodynamik mit der Statistik dieser Molekülbewegung erklären.

Bei dieser Betrachtung wird als selbstverständlich unterstellt, dass „an sich" alle mechanischen Größen exakte Werte haben, dass also die Beschreibung mit Wahrscheinlichkeiten nur unseren Mangel an Kenntnis ausdrückt. Laplace verwendet die oben zitierte Beschreibung des Determinismus interessanterweise zuerst in der Einleitung zu seinem großen Werk über Wahrscheinlichkeit. Er sagt dazu, wir seien zwar noch unendlich weit entfernt von der Kenntnis der genannten Intelligenz, aber unsere Unkenntnis ist doch gepaart mit (wachsender) Kenntnis, und darauf beruhe der Gebrauch von Wahrscheinlichkeiten.

Das bedeutet aber, dass sich Thermodynamik und Quantenmechanik fundamental unterscheiden. Es hat sich, nach Einsteins Überlegungen, gezeigt, dass man die Quantenmechanik gerade nicht so wie die Thermodynamik verwenden kann – wenn man nicht in solche faulen Ausreden verfallen will wie die von Bohm oder Everett.

Zeitrichtung

An die Entdeckung der Statistischen Mechanik schloss sich ein lang andauernder Disput an darüber, wie man dann den Unterschied von Vergangenheit und Zukunft, wie er in der Thermodynamik vorkommt, erklären kann. Die Statistische Mechanik bringt folgendes Problem mit sich: Die Mechanik ist ein Beispiel einer reversiblen Theorie, d.h. zu jedem nach der Theorie möglichen Vorgang ist auch der umgekehrte Vorgang nach der Theorie möglich, also die umgekehrte Reihenfolge der Orte mit der entgegengesetzten Richtung der Geschwindigkeiten. Die Thermodynamik dagegen ist irreversibel: Zum Beispiel wird gemäß der Theorie eine Temperaturdifferenz zwischen zwei Medien, die in Kontakt stehen, von selbst ausgeglichen; es wird sich aber – gemäß der Thermodynamik – nicht zwischen zwei solchen Medien von selbst eine Temperaturdifferenz einstellen. Nun kann man, wie erwähnt, die Regeln der Thermodynamik auf die Mechanik der Molekülbewegung zurückführen, indem man die Bewegung der Moleküle statistisch beschreibt.

Da entsteht das Problem, wie die *reversible* Theorie der Mechanik, nur durch Anwendung von Statistik, zu einer *irreversiblen* Theorie werden kann. Konkret: man stelle sich in einem System, bei dem sich die Temperatur zwischen zwei Teilen ausgleicht, die Bewegung aller Moleküle umgekehrt vor – was nach der Mechanik möglich ist; dann müsste sich auch der Temperaturausgleich umkehren, also die Temperaturdifferenz sich erhöhen; woher kommt es, dass dieser nach der Mechanik mögliche Vorgang in der statistischen Mechanik nicht vorkommt?

Diese Frage – nach der „Zeitrichtung" – ist seit Erfindung der statistischen Mechanik intensiv diskutiert worden. Eine Lösung ist schon von J. W. Gibbs Anfang des 20. Jahrhunderts angedeutet und von C. F. von Weizsäcker 1939 ausgeführt worden: Die Zeitrichtung kommt – kurz gesagt – dadurch hinein, dass der Physiker Wahrscheinlichkeit nur auf die Zukunft anwendet. Man kann sich folgende Begründung vorstellen: Eine physikalische Theorie ist dafür da, Prognosen zu ermöglichen; auch die statistische Mechanik wird normalerweise auf die Zukunft angewendet und sagt dann einen Temperaturausgleich voraus. Würde man die statistische Mechanik formal in derselben Weise auf die Vergangenheit anwenden, dann würde sich tatsächlich auch in der Richtung in die Vergangenheit Temperaturausgleich ergeben, das heißt – nun wieder in der zeitlichen Reihenfolge gelesen – die Temperaturdifferenz müsste in der Vergangenheit zugenommen haben. So wendet aber kein Physiker die Statistik an, denn es wäre unsinnig, in die Vergangenheit zu „prognostizieren". Der Unterschied zwischen Vergangenheit und Zukunft taucht also in der Statistischen Mechanik deswegen plötzlich auf, weil die Physiker die Statistik vernünftigerweise nur auf die Zukunft anwenden, nicht auf die Vergangenheit. Sie bringen also den Unterschied zwischen Vergangenheit und Zukunft selbst hinein – offenbar ohne es zu merken.

Klassische Begriffe

Ein weiteres Thema, das bis heute in der Quantentheorie heiß diskutiert wird: Bohr wurde nicht müde, zu betonen, dass wir gezwungen sind, auch für die Quantenmechanik an eine eindeutige Beschreibung unserer unmittelbaren Erfahrung anzuknüpfen, und das bedeutet, an die „wunderbare Einheit der klassischen Physik", wie er sagte. Die Quantenmechanik gibt Wahrscheinlichkeiten für *mögliche* Messergebnisse; für die eindeutige Beschreibung der Messung und eines „vorliegenden" Messergebnisses brauchen wir aber die Begrifflichkeit der klassischen Physik. Die Quantenmechanik beschreibt Möglichkeiten, Voraussagen; die klassische Physik beschreibt Fakten, objektiv Vorliegendes.

Damit kommen wir aber in eine paradoxe Situation: Einerseits wurde die Quantenmechanik eingeführt, weil die klassische Physik bestimmte Phänomene nicht erklären konnte; nach der Quantenmechanik ist daher die klassische Physik falsch. Andererseits setzt offenbar die Quantenmechanik die klassische Physik voraus, denn sie bezieht sich auf Messungen, die innerhalb der Quantenmechanik selber nicht beschrieben werden. Das ist nur vereinbar, wenn die beiden Theorien wenigstens *näherungsweise* übereinstimmen; dass sie es nicht in Strenge tun, kann man deswegen akzeptieren, weil insgesamt die Physik auf Näherungen beruht. – Für Logiker ist das allerdings eine Herausforderung: Zwei Ergebnisse, die nur sehr wenig voneinander abweichen, können für den Physiker durchaus „gleich" sein; für den Logiker ist entscheidend, dass sie ungleich sind. Daran ist richtig, dass natürlich der mathematische Formalismus in sich konsistent sein muss. Wie damit die notwendige Näherung in der Physik genau zusammenhängt, ist nicht klar formuliert. Zunächst ist aber die Erkenntnis entscheidend, dass an dieser Stelle der Ursprung vieler Probleme liegt.

Physik a priori

Wie kann man überhaupt Physik *begründen*? – Erfahrung kann, wie Hume und Popper[42] uns lehren, die Geltung physikalischer Gesetze nicht begründen: Erfahrung kann nur Vergangenes betreffen; Naturgesetze sind aber allgemein, sollen also auch für die Zukunft gelten, und das lässt sich aus Erfahrung nicht ableiten. – Kant erwägt stattdessen

---

[42] D. Hume 1750, K. Popper 1935.

eine *transzendentale* Begründung: Wir können der Geltung eines Naturgesetzes a priori, vor jeder speziellen Erfahrung, gewiss sein, wenn wir einsehen, dass *Erfahrung überhaupt* nicht möglich wäre, wenn dieses Gesetz nicht gälte. – C. F. v. Weizsäcker hat das Kant'sche Programm auf die moderne Naturwissenschaft übertragen[43], die dafür bessere Möglichkeiten zu bieten scheint als die Physik zur Zeit Kants. Die Physik hat heute, trotz der ungeheuer vielfältigen Verzweigung in Spezialwissenschaften und Anwendungen, *begrifflich* eine starke Einheit erlangt. Die Quantenmechanik ist die allgemeine Theorie beliebiger Objekte, aus ihr sind im Prinzip alle anderen physikalischen Theorien ableitbar (einschließlich der Chemie), wenn man die Eigenschaften der Elementarteilchen und ihre Wechselwirkungen voraussetzt. Diese Eigenschaften sind bisher nicht aus einer einheitlichen Theorie ableitbar, aber es ist durchaus denkbar, dass eine solche einheitliche Theorie irgendwann gefunden wird.

Wie eine endgültige einheitliche Physik aussehen wird, weiß man natürlich nicht vorher. Wahrscheinlich wird sie mehrere bisher getrennte theoretische Gebiete vereinigen müssen, etwa Quantenmechanik und Relativitätstheorie.

In unserer Beschreibung ist nicht von speziellen Erfahrungsbereichen die Rede, wie etwa „Mechanik, Akustik, Wärmelehre …" oder auch „Makrophysik – Mikrophysik", sondern nur von Objekten in Raum und Zeit. Wir können auf der anderen Seite feststellen, was Naturwissenschaft überhaupt sein kann: Eine Theorie für Voraussagen über empirisch entscheidbare Alternativen.[44] Der Objektbegriff erweist sich dabei als abgeleitet aus der Forderung von Voraussagen, die Zeit erscheint als fundamental für Erfahrung überhaupt, und der Raum lässt sich auf dieser Abstraktionsstufe verstehen als der „Parameter der Wech-

---

[43] Z. B. Weizsäcker 1971, 1985, 1992.

[44] Nach C. F. v. Weizsäcker und E. Scheibe ist eine Alternative (abstrakte „Messgröße", „Observable") eine Menge von Aussagen, für die gilt: Ist eine der Aussagen wahr, dann sind alle anderen falsch; sind alle Aussagen bis auf eine falsch, dann ist diese eine wahr. – Wir müssen so vorsichtig formulieren, denn in der Quantenmechanik gilt nicht, dass immer genau eine Aussage aus einer Alternative wahr ist, sondern es können alle Aussagen einer Alternative Wahrscheinlichkeiten haben, die kleiner als 1 sind; die obige Definition ist dagegen auch für die Quantenmechanik brauchbar.

selwirkung". Setzen wir diese Teile zur Skizze einer möglichen transzendentalen Begründung von Physik zusammen!

Was sind Bedingungen der Möglichkeit von Erfahrungen überhaupt? Um auch nur die Chance zu bekommen, die Frage präzis zu beantworten, präzisieren wir „Erfahrung" als *Naturwissenschaft.*

Wenn das eine Einschränkung der ursprünglichen Frage ist, verändern wir damit freilich den Sinn des transzendentalen Arguments; denn dafür war es ja entscheidend, Bedingungen der Möglichkeit von Erfahrung *überhaupt* aufzusuchen. Das Argument ist nur zwingend, wenn wir sagen können: „Erfahrung wäre *überhaupt* nicht möglich, wenn nicht ..." Nun scheint mir aber, dass eigentlich durch die Präzisierung auf Naturwissenschaft die „Erfahrung überhaupt" nicht eingeschränkt wird. Denn was bedeutet hier Erfahrung? Gemeint ist die offenbare Tatsache, dass wir uns in der Welt zurechtfinden, indem wir das in der Vergangenheit *Bewährte* verwenden, das wir teils individuell gelernt haben, aus eigener Erfahrung und Tradition, teils angeboren übernommen aus der Anpassung der Spezies; dazu gehört vor allem die Begriffsbildung. Wenn wir dieses „Sich-zurecht-finden" präzisieren, kommen wir aber genau auf den Begriff von Naturwissenschaft, den wir oben angeführt haben: Aus Erfahrung etwas wissen bedeutet voraussagen können, und zwar aufgrund von Begriffen und Gesetzen, die in allen Veränderungen dieselben bleiben. – Das hat wohl auch Kant gemeint in seinen Kategorien *Kausalität*: Voraussage von Zukunft aufgrund der Gegenwart, und *Substanz*: Das Bleibende durch alle Veränderung. Bei Kant übrigens werden die allgemeinen Erörterungen über „Erfahrung überhaupt" sehr bald präzisiert in physikalischen Gesetzen, genauer: in der Newtonschen Mechanik. In dieser, aus unserer Sicht relativ speziellen Theorie ist der Bruch in der Argumentation Kants denn auch besonders zu spüren.

Wir präzisieren also die Bedingungen der Möglichkeit von Erfahrung überhaupt als die Bedingungen der Möglichkeit einer Theorie für Voraussagen über empirisch entscheidbare Alternativen. Die allgemeinste mögliche derartige Theorie wird Wahrscheinlichkeiten für das Resultat von Messungen an Objekten angeben müssen – ich könnte das noch präzisieren. Die Quantenmechanik ist eine solche Theorie. Ist sie die allgemeinste mögliche? Ich habe diese Frage an anderer Stelle[45] ausführlich erörtert; es sieht so aus, als ob tatsächlich die Quantenmechanik die allgemeinste Theorie dieser Art sein könnte, also als ob die Quantenmechanik eine a priori gewisse physikalische Theorie sei.[46] Das ist allerdings bisher nicht ganz durchgeführt.

Was hier als Quantenmechanik bezeichnet wurde, ist eigentlich nur ihre „Hilbertraumstruktur", das heißt die allgemeine Struktur der Wahrscheinlichkeitsbeziehungen der möglichen Voraussagen untereinander. Diese Struktur ist sehr reich, aber sie enthält noch nichts über spezielle Objekte, ihre Eigenschaften und Wechselwirkungen, und nichts über den Raum. Ist vielleicht auch das alles a priori festgelegt, so dass z. B. der Raum nicht anders sein kann als dreidimensional, dass die Masse des Protons nicht anders sein kann als 1836 Elektronenmassen? Letzteres wird, nach der Hoffnung der Theoretiker, aus einer allgemeinen Theorie der Elementarteilchen folgen, die nichts voraussetzt als die Poincaré-Invarianz der Speziellen Relativitätstheorie und evtl. weitere sehr abstrakte Symmetrien. – Nach diesem Prinzip ist etwa die Heisenbergsche *Nichtlineare Spinortheorie* („Weltformel") aufgebaut, ähnlich abstrakt geht die Eichtheorie der Quantenfelder vor. Solche Symmetrieprinzipien sind so allgemein, dass man hoffen kann, sie als Bedingungen der Möglichkeit von Erfahrung überhaupt zu verstehen.

Diese Art von transzendentaler Begründung der Quantenmechanik scheint also nicht ganz aussichtslos.

Carl Friedrich von Weizsäckers Beschwörung der Verantwortung des Wissenschaftlers

In unserem Zusammenhang scheint es mir angemessen, auf die lebenslangen Bemühungen Carl Friedrich von Weizsäckers einzugehen,

---

[45] Drieschner 1979.
[46] Damit ist, wie immer, der systematische Begründungszusammenhang gemeint; es wird nicht behauptet, dass die Theorie jemandem am Schreibtisch hätte einfallen können. Tatsächlich ist ja die Quantenmechanik in einem schmerzlichen Prozess aus empirischen Befunden entwickelt worden, und es konnte vielleicht gar nicht anders sein. Zudem gilt das, was wir an den Rand aller unserer Texte schreiben müssten: „Irrtum vorbehalten!"

der Verantwortung gerecht zu werden, die ihm durch seine Beteiligung an der Erforschung der Kernphysik zugefallen ist. Ich schöpfe dazu aus einer Sammlung[47], die ich schon vor 25 Jahren angelegt habe:

Weizsäcker schildert in seiner „Selbstdarstellung"[48], wie er Anfang 1939 von Otto Hahn von der Spaltung von Uran-Atomen erfuhr. Er besprach die Situation mit seinem Freund Georg Picht, der die Überlegungen in seiner Laudatio 1963 zur Verleihung des Friedenspreises des Deutschen Buchhandels an Weizsäcker schildert: *„Es ist mir unvergesslich, wie Weizsäcker im Februar 1939 eines Abends spät in meiner Berliner Wohnung erschien und mir sagte: ,Ich komme eben von einer Besprechung, in der sich die Möglichkeit abgezeichnet hat, dass man vielleicht eine Bombe bauen kann, die ausreichen würde, um ganz London zu zerstören." Ich habe seither mit ihm zusammen an vielen Gesprächen über die politischen, moralischen und theologischen Probleme teilgenommen, die mit der Atombombe zusammenhängen. Aber ich darf wohl sagen, dass schon in jenem ersten Nachtgespräch alle jene Dimensionen aufgebrochen sind, in denen die Diskussion sich seither bewegt hat. (...) So stand denn unser Gespräch vom Februar 1939 im Zeichen der Frage, wie man verhindern könnte, dass die furchtbare neue Waffe, mit deren Möglichkeit man von nun an rechnen musste, einem Verbrecher wie Hitler in die Hände fiele. Man muss solche Situationen miterlebt haben, um die Fragen zu kennen, vor die man dann gestellt ist. Man kann dann nicht mehr so leichtfertig darüber reden, wie es heutzutage üblich geworden ist. Dass die Frage nach der Verantwortung der Wissenschaft fortan Weizsäckers Leben bestimmen würde, daran konnte seit jenem Abend kein Zweifel sein."*[49] Weizsäcker selbst greift das Thema 1988 auf, in einem kleinen Aufsatz: Rückblick auf das Verhalten zur Atomwaffe[50]. Er sagt darin über das Gespräch mit Georg Picht, es *„war die unmittelbare Reaktion auf die Erkenntnis, dass Atomwaffen möglich sind. Wir hatten weder den Wunsch, nunmehr solche Waffen zu bauen, noch hielten wir für möglich, ihren Bau zu*

---

[47] Drieschner 1992.
[48] Weizsäcker 1975.
[49] Picht 1963, S. 30ff.
[50] Weizsäcker 1975, S. 398 – 402.

verhindern. Wir gingen von der Atomwaffe als einer realen Möglichkeit aus, die in der Menschheit, so wie wir sie kennen, verwirklicht werden würde. Wir folgerten, die Menschheit werde dies nur überleben, wenn sie die Institution des Krieges zu überwinden vermöge. Grundsätzlich denke ich noch heute so. Der Fehler dieses Gesprächs zweier 26-Jähriger war die Unterschätzung der Zeitskalen. Heute, fast fünfzig Jahre später, hat die Menschheit weder den Krieg abgeschafft, noch ist sie untergegangen.[51] Die gesamte spätere politische Tätigkeit Weizsäckers ist von diesen Überlegungen bestimmt.

Weizsäcker fühlte sich verpflichtet und war bereit, als Wissenschaftler die Verantwortung für das zu übernehmen, was die Wissenschaft, seine besondere Wissenschaft Kernphysik, an Gefahr für die Menschheit gebracht hat. Seinem Eindruck nach konnte die Wissenschaft, konnte er selbst jedenfalls durchaus etwas zur Lösung der anstehenden Probleme beitragen. Seine wachsende Verzweiflung rührte daher, dass seine Warnungen vor dem sichtbaren Schlittern in die Katastrophe kein Gehör fanden. Er nahm die Notwendigkeit des Bewusstseinswandels wahr, fühlte sich aber als ein Rufer in der Wüste: *„Zum Bewusstseinswandel gehört ein tiefer Schreck, dem man, wenn er einmal geschehen ist, nicht mehr entlaufen kann. Man meint oft, man müsste die Menschen anbrüllen, damit sie aufwachen. Aber man weiß, dass sie den, der brüllt, für einen Narren halten. Man wählt dann eben den Weg der nüchternen Darlegung. Dieser wird als professoraler Beitrag zur Debatte freundlich zur Kenntnis genommen.“*[52]

Die politische und vor allem moralische Autorität der Kirche hatte er schon öfters eingesetzt, um seinen Vorschlägen Gehör zu verschaffen. In seiner Selbstdarstellung schrieb er über die Nachkriegszeit: *„Ich lernte, vernünftigen politischen Gebrauch von dem gegenüber den Verfilzungen und Konflikten der Interessen distanzierten guten Willen der Kirche zu machen.“*[53] und 1981: *„Wer, wenn nicht die Kirchen, soll den Menschen die Wahrheit über ihr selbst bereitetes Schicksal sagen?“*[54]

---

[51] Weizsäcker 1988, S. 398.
[52] Weizsäcker 1976, S. 138.
[53] Weizsäcker 1977, S. 591.
[54] Weizsäcker 1981, S. 576.

Dabei betont er die notwendige Nüchternheit: *„Ich suchte nach einer ‚unsentimentalen" Lösung, die das politische Eigeninteresse aller Beteiligten möglichst risikofrei sichern würde. "*[55] Das Besondere seines Ansatzes liegt darin, dass er die Möglichkeit zu einer solchen unsentimentalen Lösung nur aufgrund eines „Bewusstseinswandels" sieht, den zu predigen er nicht müde wird. Von einer Mitwirkung der Kirchen erhofft er eine Chance für beides: sowohl für den unvermeidlichen Bewusstseinswandel als auch für die Vorbereitung der praktischen vernünftigen Schritte, die außer dem Bewusstseinswandel ein Minimum dem Bewusstseinswandel ein Minimum an gegenseitigem Vertrauen und wohl auch die Dienste eines ehrlichen Maklers voraussetzen.

So wurde Weizsäcker in den Jahren nach 1985 vom „Prediger in der Wüste" zum Wanderprediger für das Friedenskonzil.

Im Vorwort zu seinem Buch Bewusstseinswandel schreibt Weizsäcker: *„Ich habe seit langem die Meinung vertreten, dass alle politischen, ökonomischen, ökologischen Probleme unserer Gegenwart und Zukunft grundsätzlich in gemeinsam angewandter Vernunft lösbar wären. Diese Vernunft aber besteht heute noch nicht. Sie setzt einen tiefgehenden Bewusstseinswandel voraus. "*[56]

Es ist notwendig, über die Sachprobleme nachzudenken und, wo möglich, optimale Lösungen vorzuschlagen. Die eigentlichen Probleme beginnen aber da, wo Weizsäcker den Bewusstseinswandel fordert, auf der Ebene der Macht und der Ethik. Macht ist Akkumulation von Mitteln für freigehaltene Zwecke – das ist Weizsäckers eigene, neue Definition[57]. Darin ist ihr Universalitätsanspruch formuliert ebenso wie ihr Ursprung aus dem Misstrauen. Zugleich ist der Definition die Unbegrenzbarkeit der Macht anzusehen: Da die Zwecke offengehalten werden und die Gesamtheit der möglichen Zwecke unbegrenzbar ist, muss Macht jede mögliche Begrenzung zu überwinden streben. Das Streben nach Macht, nach unbegrenzter Macht, gehört zur menschlichen Natur. Wir haben nur dann Aussicht, den Umgang mit der Macht zu bändigen,

---

[55] Weizsäcker 1981, S. 578.
[56] Weizsäcker 1988, S. 10.
[57] Weizsäcker 1988, S. 54, S. 164.

wenn wir die Natur des Machtstrebens im Menschen verstehen. Weizsäcker schreibt dazu, dass die Analyse vom Denken der Naturwissenschaft her, sogar vom begrifflichen Denken überhaupt her, nicht ausreicht. Das Ziel, Macht zu beschränken, *„bleibt in der Wirkung destruktiv und romantisch, solange wir die Machtdenkweise nicht von tieferliegenden Phänomenen aus auf ihren Geltungsbereich beschränken können."*[58]. In einem späteren Vortrag sagt er dazu: *„Welcher Bewusstseinswandel wäre nötig? Ich weiß nur eine Antwort: Wahrnehmung der Vernunft bedarf eines tragenden Affektes, um zum entschlossenen Handeln zu führen. Für die Aufgaben der menschlichen Gemeinschaft weiß ich nur einen hinreichenden Namen für diesen Affekt, den alten Namen der Nächstenliebe."*[59] Bei anderer Gelegenheit spricht er auch von „intelligenter Feindesliebe"[60].

Damit sind verschiedene Aspekte angesprochen: einerseits mit dem Stichwort des Affekts die biologische Grundlage, andererseits mit der Nächstenliebe die ethische Fundierung des Bewusstseinswandels, und schließlich mit der Wahrnehmung noch einmal ein ganz anderer Aspekt der Vernunft: Dass es nicht auf richtige oder falsche Meinungen ankommt, auch nicht auf ein rein verstandesmäßiges Durchdringen von Problemaspekten, sondern vor allem auf eine veränderte Wahrnehmung dessen, was ist, und, in unserem Zusammenhang, auf die „affektive Wahrnehmung dessen, worauf es ankommt"[61]. So sehr Weizsäcker auf die Förderung der Vernunft setzt in allen seinen Analysen dessen, was nottut, so ist ihm doch auch bewusst, dass der angestrebte Bewusstseinswandel tiefer gehen muss als noch so vernünftige Einsicht geht, dass „Affekte", dass die Religion in allen ihren Aspekten, dass auch eine veränderte Wahrnehmung notwendig sein wird. Und schließlich sieht er auch, dass es Situationen geben kann, in dem vernünftige Eindämmung von Gefahren, das Sich-Verlassen auf die Vernunft der Partner, gerade die falsche Lösung ist: Er zitiert zustimmend eine Betrach-

---

[58] Weizsäcker 1977, S. 268.
[59] Weizsäcker 1990, S. 105.
[60] Weizsäcker 1981, S. 533.
[61] Weizsäcker 1981, S. 567.

tung seines Vaters, die er 1950, als Kriegsverbrecher in Landsberg inhaftiert, geschrieben hat: *„Auf einem so wesentlichen und zugleich so schwer zugänglichen Gebiet wie dem der Kriegsverhütung darf man sein Wollen nicht einengen nach Erkenntnis und Vernunft. Man darf da vor dem Irrationalen nicht Halt machen, sondern muss es einbeziehen. (...) Was ich hätte tun sollen, war, das Unmögliche zu versuchen. Bleibt ein solcher Einsatz vergeblich, so ist er doch das packendere Vorbild für die Zukunft. Am nachhaltigsten förderte noch immer der seine Überzeugung, der sich ihr ganz opferte."*[62]

Literatur

Bohm, David: In: Physical Review 85 (1952) 166, 180.

DeWitt, B.: „Quantum Mechanics and Reality". In: Physics Today 23 (1970) 30 – 35.

Drieschner, Michael: Voraussage – Wahrscheinlichkeit – Objekt. Über die begrifflichen Grundlagen der Quantenmechanik. Berlin etc.: Springer, 1979.

Ders.: Carl Friedrich v. Weizsäcker zur Einführung. Hamburg: Junius 1992.

Everett, Hugh: „Relative State" Formulation of Quantum Mechanics. In: Rev. Mod. Phys. 29 (1957) 454.

Gibbs, W.: Elementary Principles in Statistical Mechanics. 1902.

Höfling, O.: Physik. Bd, II, Teil 1, Mechanik, Wärme. Bonn: Ferd. Dümmlers Verlag, 15. Auflage, 1994.

Hume, David: An Enquiry Concerning Human Understanding. London 21750. Repr. Oxford 1902.

Kant, Immanuel, Critik der reinen Vernunft, Riga (Hartknoch) 1781.

Laplace, P. S. de: Théorie analytique des probabilités. Paris 1812.

Ders.: Essais Philosophiques sur les Probabilités. Paris; 51825, Paris: Gauthier-Villars, 1921.

---

[62] Ernst von Weizsäcker, zitiert in: Weizsäcker 1981, S. 28.

Passon, Oliver: Bohmsche Mechanik: Eine elementare Einführung in die deterministische Interpretation der Quantenmechanik. Frankfurt/M.: Harri Deutsch, 2004. Rezension v. Verf. M.D. dazu in: Journal for General Philosophy of Science / Zeitschrift für Allgemeine Wissenschaftstheorie 40 (2009) 383 – 389.

Picht, Georg: In: Carl Friedrich von Weizsäcker, Bedingungen des Friedens – Mit der Laudatio von Georg Picht anlässlich der Verleihung des Friedenspreises des Deutschen Buchhandels 1963. Göttingen: Vandenhoeck & Ruprecht. 37 S., 7. Aufl., 1981.

Popper, Karl R.: Logik der Forschung. Wien: Springer, 1935ff. Englische Übersetzung v. The Logic of Scientific Discovery. London: Basic Books, 1959.

Stern, O.; Gerlach, W.: „Der experimentelle Nachweis des magnetischen Moments des Silberatoms". In: Zeitschrift f. Physik 8 (1922) 110 – 111.

Dies.: „Der experimentelle Nachweis der Richtungsquantelung im Magnetfeld". In: Zeitschrift f. Physik 9 (1922) 349 – 355.

Weizsäcker, Carl Friedrich von: „Der zweite Hauptsatz und der Unterschied von Vergangenheit und Zukunft". In: Annalen der Physik 36 (1939) 275. Abgedruckt in Weizsäcker, 1971, 172 – 182.

Ders.: Bedingungen des Friedens – Mit der Laudatio von Georg Picht anlässlich der Verleihung des Friedenspreises des Deutschen Buchhandels Göttingen: Vandenhoeck & Ruprecht, 1963. Abgedruckt in: Weizsäcker, 1981, S. 125 – 137.

Ders.: Die Einheit der Natur. Studien. München: Hanser, München: dtv, 8. Aufl., 2002.

Ders.: „Selbstdarstellung". In: Ludwig J. Pongratz (Hrsg.): Philosophie in Selbstdarstellungen. Hamburg: Meiner, 1975, Bd. 2, S. 342 – 390. Abgedruckt in: Weizsäcker, 1977.

Ders.: Wege in der Gefahr. München: Hanser, 1976.

Ders.: Der Garten des Menschlichen. Beiträge zur geschichtlichen Anthropologie. München: Hanser, 1977.

Ders.: Der bedrohte Friede. München: Hanser, 1981. (auch Taschenbuch München: dtv 1983).

Ders.: Aufbau der Physik. München: Hanser, 1985 (4. Aufl., München: dtv 2002).

Ders.: Bewusstseinswandel. München: Hanser, 1988 (2. Aufl. München: dtv, 1991).

Ders.: Bedingungen der Freiheit: Reden und Aufsätze 1989 – 1990. München: Hanser, 1990.

Ders.: Zeit und Wissen. München: Hanser, 1992. (München: dtv, 1995; 4. Aufl. 2008).

2.2 Quantentheorie und Bewusstsein. Die Evolution von Natur und Geist

Brigitte Görnitz und Thomas Görnitz

Zusammenfassung: *Was verstehen wir unter Bewusstsein? Was sind die Grundprinzipien der Quantentheorie? Welcher Zusammenhang besteht zwischen beiden? Brigitte und Thomas Görnitz erläutern das Konzept der Protyposis, einer abstrakten Quanteninformation. Diese einfachste Quantenstruktur bildet die Basis für eine zur Einheit führende naturwissenschaftliche Beschreibung sowohl der Materie als auch des Bewusstseins. Damit wird die Trennung zwischen Leib und Seele überwunden und es wird deutlich, wie untrennbar verwoben die Bereiche der Quantentheorie und der Psychologie im Grunde sind. Von der Kosmologie über die biologische Evolution bis zum Menschen werden naturwissenschaftliche Zusammenhänge der Wirklichkeit verstehbar.*

Zu den Personen: *Dr. Brigitte Görnitz ist Tierärztin und Diplom-Psychologin. Seit 2000 tätig als Psychoanalytikerin in eigener Praxis in München; Autorin und Dozentin in der Erwachsenenbildung. Gemeinsam mit ihrem Mann Thomas Görnitz Vortragstätigkeit und u.a. Autorin des beim bei Springer Spektrum erschienenen Buches Der kreative Kosmos.*

Prof. Dr. Thomas Görnitz, Studium der Physik in Leipzig, Promotion in mathematischer Physik; bis 1992 Forschung mit C. F. v. Weizsäcker zu Grundlagen der Quantentheorie und Kosmologie. 1994 bis 2009 Professur für Didaktik der Physik an der Goethe-Universität Frankfurt/M. Forschungsschwerpunkte: die mathematische Struktur der Naturwissenschaft, deren philosophische Durchdringung mit Schwerpunkt Kosmos, Leben, Bewusstsein und die Umsetzung dieser komplexen Themen in verständliche Bilder, gemeinsam mit Brigitte Görnitz Autor des 2016 erschienenen Buches Von der Quantenphysik zum Bewusstsein. Kosmos, Geist und Materie.

Einführung

Wir möchten als Leitmotiv für unseren Beitrag ein Wort von Dietrich Bonhoeffer wählen: „In dem, was wir erkennen, sollen wir Gott finden, nicht aber in dem, was wir nicht erkennen; nicht in den ungelösten, sondern in den gelösten Fragen will Gott von uns begriffen sein."[63] Diese großartige Aussage kurz vor seiner Hinrichtung durch die Nazis ist ein positives Bekenntnis auch zu den Naturwissenschaften und deren Erkenntnissen.

Diese These aus „Widerstand und Ergebung" hat für uns auch eine persönliche Bedeutung. Wir sind in der DDR aufgewachsen. Dort wurde bereits in der Schule Religion als Ausdruck von Ungebildetheit dargestellt. Die Folgen dieser Staatsdoktrin sind heute in einer weitgehend nicht nur religionslosen, sondern damit auch von bestimmten Bereichen der kulturellen Tradition abgetrennten Bevölkerung zu erleben. Aber auch für viele westdeutsch sozialisierte Menschen ist das, was sie als Ergebnis wissenschaftlicher Forschung ansehen, zu einem großen Problem für die Möglichkeit eines Zuganges zu religiösem Gedankengut geworden.

Dennoch existiert die Frage nach einem „Urgrund" in fortlaufender Kontinuität, seitdem der Mensch über sich und die Welt reflektieren konnte. Wo kommt der Mensch her? Was geschieht nach dem Tod? Wie und was ist die Struktur der Wirklichkeit? So werden die Beschreibungen der Naturwissenschaft für manche zu einem Religionsersatz.

Es ist richtig, dass das Fundament für das Verstehen und Erklären der Abläufe im Universum und auf der Erde von den Naturwissenschaften bereitet wird. Deshalb ist es auch wichtig für die Religionen, die Ergebnisse nicht zu ignorieren, welche bei der Erforschung des real Vorfindbaren erhalten wurden. Sie muss und sie kann damit andere Vorstellungen und Deutungen ermöglichen, als sie früherer Theologie und Philosophie möglich waren.

---

[63] Bonhoeffer, D. (1961) Widerstand und Ergebung, Briefe und Aufzeichnungen aus der Haft, Berlin, S. 170f.

Grundlegende Gedanken

Seit der Entwicklung des Menschen versuchte man aus den Beobachtungen der Natur nicht nur nützliche Regeln für das Überleben zu entwickeln, sei es für Jagd oder Ackerbau, sondern auch Grundsätzliches zu reflektieren.

So hat der antike griechische Philosoph Parmenides (520 – 460 v. Chr.) sich überlegt: „Wenn ich von allem Konkreten abstrahiere, was bleibt dann?" Seine Erkenntnis war: „es ist das Sein" – und dieses „ist Eines". Seine Schlussfolgerung war: Dann wäre alle Vielheit und die Veränderungen davon nur Schein. Da nur das Sein ist, existiert „das Nichts" nicht. Diese sicher unbezweifelbaren Schlüsse sind nachzuvollziehen. Doch wie kann man dann eine Entwicklung erfassen, wie wird etwas, wie ist Veränderung zu verstehen?

Deshalb kam Heraklit (534 – 470 v. Chr.) aus dem ionischen Ephesus zu einer ebenfalls nicht anzuzweifelnden Wahrheit: „Alles fließt". Überliefert ist sein Bild: „man steigt nie zweimal in denselben Fluss". Es ist immer wieder neues Wasser da. Nach Heraklit steht also das Werden im Vordergrund. Aber wenn tatsächlich nichts bliebe, könnten wir nichts festhalten, nichts benennen und auch nichts wiedererkennen. Begriffe erfassen nur Überdauerndes. Wir haben also in der Absolutheit einmal „das Sein" und andererseits „das Werden".

Die Atomisten versuchten eine Synthese dieser Widersprüche: „Das Sein ist unerschaffen und unvergänglich. Es ist ein Ganzes, es hat ‚keine Teile'. Damit wurde die Idee der Teilelosigkeit beibehalten, jedoch die Vorstellung des Kosmos als eine riesige Kugel ohne Teile verworfen. Das Sein ist unteilbar, deshalb „a-tomos" und es geschieht ein Übergang vom „Großen und Ganzen" zu winzigen „Atomen". Das Sein sind nun nur noch die vielen Atome. Das Werden geschieht, indem das Eine – die unteilbaren Atome – in ganz vielen Exemplaren auftreten und sich zusammenlagern und dann auch wieder trennen können. Dies tun sie im „Nichts", welches auch „ist". Heute würden wir dazu „leerer Raum" oder „Vakuum" sagen. Leukipp (5. Jh. v. Chr.), der als Schüler von Parmenides gilt, formulierte die Atome im Sinne kleinster Teilchen.

Sein Schüler Demokrit (460 – 371 v. Chr.), fügte den „leeren Raum" hinzu. Dies ist eine wunderbar eingängige und naheliegende Vorstellung. Aber man dürfte nicht weiterfragen: „Woraus bestehen die Atome? Und woher kommt ihre Unteilbarkeit?"

Der Gedanke der Atome war zweifellos eine Reduktion von etwas, was uns komplex erscheint, auf etwas Einfaches. Hier sind wir an einem Punkt, wo wir heute, zweieinhalb Jahrtausende später, weiter anknüpfen und nachdenken können.

Ein sinnvolles Verstehen von „Erklären" bedeutet zu zeigen, wie etwas Kompliziertes aus etwas Einfachem rekonstruiert werden kann. Dabei will man das Unbekannte mit bereits Bekanntem verbinden. Der Weg des Erklärens führt von etwas, was bereits schon verstanden ist, zu etwas Neuen, was man verstehen möchte. Mit einer grundsätzlichen Erklärung wird ein Modell der Wirklichkeit erstellt, in welchem die kosmische Evolution nachvollzogen wird. Schließlich verläuft diese von einfachen Strukturen auch zu neuen komplexen und komplizierten Strukturen. Dabei ist es wichtig zu sehen, dass die Quantentheorie eine These des philosophischen Reduktionismus, dass es nämlich eindeutige Ursache-Wirkungs-Ketten gibt, als naturwissenschaftlich widerlegt aufgezeigt hat.

Dass eine wirkliche Reduktion nicht auf „kleineste Teilchen" durchgeführt werden kann, wurde erstmals von Platon erwogen. Platon (428 – 348 v. Chr.) überlegte, was überhaupt seiend und erkennbar ist. Er sah, es sind Gestalten (eidos, idea). Dabei ist Kinesis, die Bewegung, eine der obersten Ideen. Und er erklärte die Atome aufgebaut aus reinen mathematischen Strukturen, somit geistigen Gestalten, konkret aus mathematischen Dreiecken. Diese Dreiecke formen sich zu Körpern. Man bezeichnet sie heute auch als „die fünf Platonischen Körper". Diese Körper sind die Atome der vier Elemente: Erde, Feuer, Luft und Wasser. Die Quintessenz, als fünfter der platonischen Körper, bildet die Objekte des Kosmos, die himmlischen Körper.

Seitdem blieb die Vorstellung bis heute vorherrschend, das „Atom" sollte zum Einfachen, also zum Urgrund führen. Diese Vorstellungen haben weit getragen. Allein beim Menschen sehen wir, dass unser Körper (der Leib) größer ist als die Organe, diese sind komplexer und massereicher als die Zellen. In diesen sind Millionen von Molekülen und diese wiederum gestaltet durch eine Vielzahl von noch einfacheren Atomen. Heute wissen wir mehr, um über die Atome hinaus, uns den grundlegenden Fragen zu nähern. Dazu ist auch der Blick ins Universum sowie das Verstehen der kosmischen und der biologischen Evolution nötig. Anfangs war der Kosmos ohne Planeten. Diese entstanden über die Entwicklung von Sternen. Mit den ungeheuren Umwälzungen des einfachen Sternenmaterials wurden durch Kernfusionen neue Elemente geschaffen. Nach der Explosion von Sternen konnten sich Planeten formen. Auf mindestens einem von diesen entstand Leben.

Dieses Leben war anfangs ohne bewusstseinsfähige Lebewesen bis sich schließlich solche mit einer größeren Informationsverarbeitung und einem reflexionsfähigen Bewusstsein herausbildeten. Für das Erklären von Leben und Bewusstsein, für diese qualitativ anderen Phänomene, gibt es mit den Atomen allein keine Lösung.

Aspekte einiger Wissenschaften

Von allen Wissenschaften werden Erkenntnisse zur Erklärung der Welt beigesteuert. Die einfachsten Strukturen werden von der Physik untersucht. Deshalb gelten die dort gefundenen Zusammenhänge in allen Wissenschaften. Keine von ihnen kann somit im Widerspruch zu diesen Strukturen stehen.

Seit der Quantenphysik kann man die von der Chemie untersuchten Objekte, die Moleküle, besser verstehen. Atome bestehen aus Atomkern und Elektronen. Wenn Atome sich zu Molekülen formen, dann haben diese Moleküle völlig andere Eigenschaften als ihre Ausgangsatome. Ein Beispiel, das alle kennen, ist Wasser. Es wurde aus den Atomen von Sauerstoff und Wasserstoff gebildet, die als reine Elemente gasförmig sind. Die Atomkerne bleiben bei der Molekül-Bildung im Wesentlichen erhalten, aber die Elektronen vergesellschaften sich und bilden eine Hülle um das gesamte Molekül. Das gibt den Ausschlag für die neuen Eigenschaften.

Die Chemie wiederum ist sehr wichtig für das Verstehen der biologischen Prozesse, aber Leben ist nicht allein über Chemie erklärbar. Die Entstehung von Leben und die Selbststabilisierung des Lebewesens werden nur verstanden, wenn man die Steuerung durch die Information einbezieht.

Die Medizin befasst sich mit den biologischen und psychologischen Prozessen bei Mensch und Tier. Das Einbeziehen des Erlebens und Verhalten des Menschen, also die Psychologie, spielt in fast alle Krankheitsprozesse mit hinein. Die psychosomatischen Zusammenhänge wurden erklärbar, seitdem die Information in die Naturwissenschaft eingeschlossen werden konnte und damit das Zusammenspiel im Körper zwischen Materie, Energie und Information besser verstanden wird.

Die Geistes- und Sozialwissenschaften befassen sich wiederum mit den verschiedensten Aspekten des Menschen und seines Zusammenlebens. Hier kommen u.a. Kultur, Moral und Ethik eine wichtige Rolle zu.

Natürlich überschneiden sich auch die Wissenschaftsbereiche. Ethische Aspekte sollten in allen Bereichen beachtet werden. Man denke an die gegenwärtige Entwicklung von Waffen mit moderner, sich selbst steuernder Technik oder an die künstlichen Gen-Veränderungen in der Biologie.

Das Finden von Naturgesetzen

In philosophischen Diskussionen spielen oft „mögliche Welten" eine bedeutsame Rolle. In der Naturwissenschaft jedoch geht es um eine möglichst gute Modellierung der Realität mit ihren vielfältigen Fassetten. Man sucht Regeln und Gesetze, um möglichst gute Prognosen für zu erwartende Veränderungen erstellen zu können.

Physik und Mathematik spielen über Beobachtung und Theorie für das Erfassen von Regeln und Gesetzen in der Natur die ausschlaggebende Rolle. Dabei ist die Physik die Wissenschaft realer Strukturen. Die Mathematik ist umfassender, sie ist die Wissenschaft möglicher Strukturen. Die einfachsten physikalischen Strukturen lassen sich bereits heute mathematisch erfassen.

Das nicht Offensichtliche und wohl auch Überraschende besteht darin, dass Naturgesetze gefunden werden, indem man viel „unter den Teppich kehrt'". Regelhaftes und Gesetzmäßiges entsteht durch Vereinfachen und durch Weglassen. Die meisten kennen den Ausspruch „Nachts werden alle Katzen grau". Dies wörtlich genommen heißt, dann kann ich die Individualität der Katze nicht mehr erkennen. Ich kann aber dann Aussagen z. B. statistischer Art über Katzen ganz allgemein machen. Das Fallgesetz, das wir in der Schule lernen, wird nicht den Luftwiderstand einbeziehen. Dieser wirkt beim Fallen auf eine Vogelfeder oder auf ein Blatt anders ein als auf einen Stein. Obwohl es uns Menschen anders erscheint, zeigt sich, im Vakuum ist die Fallgeschwindigkeit bei allen gleich. Der Versuch im luftleeren Raum demonstriert: Stein und Feder fallen gleich schnell. Um dieses Gesetz formulieren zu können musste man viele Eigenschaften in der Umgebung ignorieren, vor allem den Luftwiderstand. Will man hingegen ein Flugzeug bauen, dann ist der Luftwiderstand eine wesentliche Größe, die in diesem Fall nicht mehr ignoriert werden kann.

So fanden sich erst einmal die Gesetze der klassischen Physik. Wesentlich war die Erkenntnis, es gibt die Materie, also Objekte. Diese kann man sehen und anfassen und gegebenenfalls auch zerlegen. Zwischen diesen Objekten herrschen Kräfte. Diese kann man nicht sehen, aber man kann sie spüren wie Schwerkraft und Magnetismus.

Ein Wendepunkt in der Geschichte der Wissenschaft

Vor über 100 Jahren, um das Jahr 1900 herum, gab es in der Folge der damaligen neuen Entdeckungen einen wissenschaftlichen Einschnitt. Dieser kommt heute voll zum Tragen und mit den modernen Kommunikationsmitteln, die dadurch möglich wurden, verändert sich in seinem Gefolge auch die Welt schneller als je zuvor.

In dem ausgehenden 19. Jh. verfeinerten sich die Geräte und damit die Experimente. Man konnte exaktere Messungen durchführen. Aber auch die Beobachtungen am Menschen wurden genauer.

Sigmund Freud (1856 – 1939) versuchte die Psyche seiner Patienten zu erfassen. Er begann, die inneren Zustände genau zu analysieren und damit zu begreifen, was nicht sofort bewusst zutage tritt, also das unbewusste Wirken. Dabei begann Freud eher mit der Untersuchung der somatischen Seite, also dem körperlichen Teil. Sein Versuch, aus der anatomischen Struktur und der Energie das Bewusstsein zu erklären, gelang nicht. So verschob er das Unterfangen auf „später". Aber auch gegen Ende seines Lebens stellte er fest, dass die Existenz des Bewusstseins zwar evident ist aber noch immer einer Erklärung trotzt. Freuds Traumanalyse und die anderen psychoanalytischen Erkenntnisse hatten und haben einen großen kulturellen Einfluss in verschiedenste Gebiete von den Künstlern über die Pädagogik und in viele Wissenschaften hinein.

Auch um die große Bedeutung hervorzuheben wird das Jahr 1900 als der Beginn der Psychoanalyse und der Quantenphysik dargestellt.

Max Planck (1858 – 1947) schaute sehr genau auf die neuen experimentellen Ergebnisse, um dann theoretisch darüber nachzudenken. Aufgrund der experimentellen Vorarbeiten von Kollegen, die ganz genau das Verhalten von Licht beobachteten und vermessen haben, hat Max Planck in jahrelanger Forschung dafür eine Theorie entwickelt. Mit dem sogenannten schwarzen Strahler, einem Kasten mit der dunkelsten Öffnung, die man herstellen kann, waren Experimente durchgeführt worden. Das Licht, was aus dieser schwarzen Öffnung kommt, hängt nicht vom Material des Kastens ab. Daher wird jede genaue Messung das Gleiche messen. Planck erkannte durch seine Berechnungen, dass es im Gegensatz zu den Vorstellungen der klassischen Physik eine kleinste Wirkung gibt. Diese allerkleinste Wirkung, welche in der Natur möglich ist, ist nicht null. Sie ist die Ursache für die kleinsten möglichen Veränderungen, für die Quantensprünge.

Heute wird in der Sprache der Reklame diese kleinstmögliche Veränderung oft in ihr Gegenteil verkehrt. In der Wirtschaftspolitik oder anderswo, z. B. in der Pharmazie, preist man „dieses Medikament" oder „diese neue Entwicklung" als Quantensprung. Das bedeutet eine vollkommene Umkehrung der Realität, welche mit diesem Begriff bezeichnet wird. Warum war dies einer der wichtigsten Entwicklungsschritte in der physikalischen Erkenntnis?

Diese kleinste Wirkung steht in einem fundamentalen Gegensatz zu der Vorstellung, dass man jede beliebige Veränderung in allen Fällen immer kleiner machen könnte. Die Vorstellung von beliebig kleinen Veränderungen bildete die mathematische Basis der klassischen Physik. Newton und Leibniz hatten mit dem „Infinitesimalen" das Fundament für die Differential- und Integralrechnung gelegt. Differentialgleichungen ermöglichen, aus dem aktuellen Zustand eines Systems seine künftige Entwicklung zu berechnen. Wenn also mit Differenzialgleichungen reale Wirkungen und somit faktische Veränderungen berechnet werden sollen, wird mit dem Wirkungsquantum ein Problem erkennbar.

Die bis dahin so erfolgreiche klassische Physik beruht auf der Vorstellung, dass man mit allen physikalischen Größen sich immer weiter der Null annähern kann, ohne exakt zu Null werden zu müssen. Die bis dahin akzeptierte mathematische Vorstellung für die Bereiche der Physik besagte, dass man bei einem Messwert, welcher mit 0, … beginnt, beliebig viele Nullen zwischen dem Komma und einer Endziffer einsetzen kann (0,00 … 001), ohne dass das Ganze jemals Null wird.

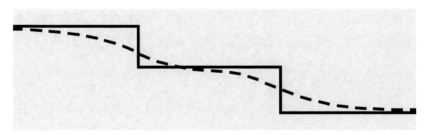

Abb. 1: Die Übergänge von „zwei Wirkungsquanten" (linker Teil) zu „einem Wirkungsquantum" und von diesem zu Null verdeutlichen jeweils einen „Quantensprung". Es gibt eine kleinste Wirkung (mittlerer Teil). Noch kleiner wäre die Null (rechter Teil). Den Vorstellungen der Klassischen Physik entspricht die immer kleiner werdende gestrichelte Linie, welche nie wirklich zu Null werden muss.

Planck zeigte also, es gibt eine kleinste Wirkung, die von Null verschieden ist. Diese Wirkung kann nicht noch kleiner werden, „noch kleiner" wäre Null. Das Wirkungsquantum beschreibt also die kleinste Veränderung, welche von der Null verschieden ist. Damit wird deutlich, es kann in der Realität nicht mehr – so wie nach den Vorstellungen der klassischen Physik – jeder beliebige Wert im Experiment gefunden oder vom Physiker postuliert werden. Planck sprach in seiner Nobelpreisrede von „einem gefährlichen Sprengkörper" dieser Erkenntnis, da sie zentrale mathematische Vorstellungen in der bisherigen Physik gesprengt hat.

Die Untersuchung des Lichtes war wie beschrieben der Ausgangspunkt. Das Licht, als Welle betrachtet, kann verschiedene Wellenlängen haben. Mit der von Planck gefundenen theoretischen Formel zeigt es sich, dass je kleiner die Wellenlänge wird, desto größer werden die Frequenz und damit die Energie des Lichtes. Es gibt also bei kleinerer Wellenlänge mehr Schwingungen pro Sekunde. Und je weiter ausgedehnt die Wellenlänge ist, desto geringer wird die Frequenz, d. h. desto weniger Schwingungen geschehen pro Sekunde.

In der Folge von Max Plancks Entdeckung erkannte man ein Vierteljahrhundert später nach vielen experimentellen und theoretischen Zwischenschritten schließlich durch die dazugehörige Mathematik, deren prinzipielle Struktur von Werner Heisenberg gefunden und die schnell von vielen bedeutenden Physikern weiterentwickelt wurde, viele Eigenschaften der Quanten. Die Schrödinger-Gleichung zeigt, dass mit der Quantentheorie keine Beliebigkeit in die Naturbeschreibung Einzug gefunden hat. Vielmehr erweisen sich jetzt die Veränderungen der Möglichkeiten als determiniert, welche sich jeweils aus den Fakten ergeben haben. Jetzt können z. B. die ganz scharfen Spektrallinien verstanden und für die chemischen Analysen verwendet werden.

Dass Fakten, welche sich aus Möglichkeiten ergeben können, nur ganz scharfe Werte annehmen können, kennen wir vom Würfel. Man kann niemals 3,3 würfeln, immer nur eine ganze Zahl zwischen 1 und 6. An einer Geigensaite kann man nur den Grundton oder die Obertöne anregen. Will man andere Töne erzeugen, muss man die Saitenlänge verkürzen. Dass auch im Bereich der Atome ein solches diskretes Verhalten vorliegt, war für die Physiker eine große Überraschung. Ein Würfel wird extra so angefertigt, aber dass die Natur oft analog zum Würfel verfährt, das hatte man nicht erwartet.

Was sind Quanten?

„Quanten" bezeichnen einen Oberbegriff, welcher verschiedene Quantenobjekte zusammenfasst. Es wäre so, als hätte man abstrakt „Obst" in der Tasche. Dann allerdings müsste man konkret von Äpfeln, Birnen, Bananen usw. sprechen.

1. Materielle Quanten sind damit gekennzeichnet, dass sie eine Masse haben. Dazu gehören die Atome, also auch die Elektronen und Protonen (im Atomkern), sowie die Moleküle. Sie alle können wir als massebehaftete Teilchen ansehen.
2. Energetische Quanten haben keine Masse. Von diesen kennen wir die Photonen, die Teilchen des Lichtes. Vielleicht gibt es auch „Gravitonen", die Quanten der Schwerkraft.
3. Strukturelle Quanten können nicht frei im Vakuum existieren, sondern nur in anderen Objekten. Gluonen und Quarks sind strukturelle Quanten, die nur innerhalb des Atomkerns existieren. Auch die Phononen, die Schallquanten, gehören zu den Strukturquanten. Wenn wir auf etwas klopfen, zum Beispiel auf eine Metallplatte, dann können wir ein Geräusch hören. Man kann sich vorstellen, dass dabei die Atomkerne „um ihre Ruhelage wackeln". Das wiederum beeinflusst die Elektronen. Diese Wechselwirkung zwischen „wackelnden" Atomkernen und Elektronen wird in der Quantentheorie als Elektron-Phonon-Wechselwirkung beschrieben. Die Phononen reagieren im Festkörper, als ob sie reale Teilchen wären. Die Phononen spielen eine große Rolle für das Verstehen der Halbleiter, und diese wiederum sind für Computer usw. unerlässlich. Aber weder Gluonen und Quarks noch Phononen können in einem materiefreien Raum existieren.

4. Quantenbits sind die einfachsten Strukturen, welche aus mathematischen Gründen gebildet werden können. Sie sind die Grundlage von allem, was existiert. Sie werden noch genauer dargestellt werden.

Die Quantenobjekte unterscheiden sich in ihren Eigenschaften und in ihrem Verhalten von den Objekten der klassischen Physik. Für das Verstehen der Quanten war neben der Planckschen Formel u.a. die Entdeckung Albert Einsteins (1879 – 1955) wichtig, dass Lichtquanten wie Teilchen erscheinen und sich wie Teilchen verhalten können. Das betraf einen schon über 300 Jahre währenden Streit. Dieser hatte begonnen zwischen Isaac Newton, der den Teilchencharakter des Lichtes sah, und Christiaan Huygens, der dem Licht einen Wellencharakter zuschrieb. Zu der Zeit von Max Planck wurde der Wellencharakter des Lichtes als gegeben angesehen. Dies war bedingt durch die großen Erfolge von Maxwells Theorie und der experimentellen Erkenntnis von Heinrich Hertz, dass das sichtbare Licht eine elektromagnetische Welle ist.

Albert Einstein erkannte, dass manche Phänomene in den Experimenten zum photoelektrischen Effekt sich nur erklären lassen, wenn man dem Licht wieder einen Teilchencharakter zuschrieb. Später wurden die Lichtquanten Photonen genannt. Für seine Arbeit aus dem Jahre 1905 erhielt Einstein 1921 den Nobelpreis. In der Folge der Entdeckung sah man, dass es einen Welle-Teilchen-Dualismus gibt. Je nach Kontext und Betrachtung können die Photonen einmal wie eine Welle, im anderen Fall wie ein Teilchen erscheinen. Man könnte sagen, sowohl Newton als auch Huygens hatten eine der einander widersprechenden Eigenschaften des Lichtes erkannt. Die Quantentheorie hat dann aufgezeigt, wie sie als verschiedene Ausprägungen einer Grundgegebenheit verstanden werden müssen.

Wesentliche Aussagen der Quantentheorie

Wir können aufgrund der mathematisch-physikalischen Erkenntnisse sagen, dass die Quantentheorie eine Physik der Beziehungen ist. Die Quanten-Strukturen oder Quanten-Objekte treten in Beziehung miteinander. Diese Beziehungen schaffen Neues. Sie schaffen Ganzheiten. Die Quantentheorie ist die Übersetzung des heute oft gebrauchten Ausspruchs: „Ein Ganzes ist oft mehr als die Summe seiner Teile!" in eine mathematische – in diesem Fall eine multiplikative – Struktur.

Zum anderen ist die Quantenphysik eine Physik der Möglichkeiten. Von uns Menschen kennen wir, dass wir nicht nur von den Fakten des Jetzt und der Vergangenheit beeinflusst werden, sondern auch von den Möglichkeiten, die wir sehen oder die wir uns vorstellen können. Bei kleinen und größeren Schritten wägen wir diese ab und bei wichtigen größeren Entscheidungen, vielleicht bei der Berufswahl oder der Partnerwahl, kann dies auch bewusst geschehen. Aber auch bei nicht so offensichtlich bedeutsamen Schritten spielen die vorgestellten oder die gegebenen Möglichkeiten eine Rolle. Oft werden die Wahrscheinlichkeiten unbewusst abgeschätzt. Man hat eine Empfindung darüber, ob und wie das jeweilige angestrebte Ziel erreicht werden kann. Und diese Möglichkeiten können reale Wirkungen hervorrufen. Ihre Einschränkungen werden uns beeinflussen, zum Beispiel durch Inhaftierung wie in Diktaturen, oder auch durch eine innere Unfreiheit, wie bei Zwängen. Genauso können Situationen als befreiend empfunden werden, die wieder mehr Möglichkeiten eröffnen und offenere Sichtweisen für die Zukunft zulassen.

Dies wird hier so ausführlich ausgeführt, weil die Quanten sich „nach ihren Möglichkeiten" entsprechend verhalten. Zur Überraschung der Physiker entdeckten diese, es gibt einen Unterschied im Verhalten der untersuchten Teilchen – je nachdem, ob ihnen nur ein Weg oder mehrere Wege gleichzeitig offenstehen. Dies wird z. B. beim „Doppelspalt-Versuch" deutlich. Dabei ist das Ergebnis anders, wenn die Quanten die Möglichkeit haben, gleichzeitig durch zwei nebeneinanderliegende Spalten gehen zu können, oder nur durch einen. Bei einem Spalt verhalten sich Photonen wie Teilchen und es gibt nur eine Anhäufung hinter dem Spalt. Bei zwei Öffnungen verhalten sie sich wie eine Welle, wenn sie nicht kontrolliert werden, wenn ihnen also Möglichkeiten offen stehen. Dann gibt es nach dem Durchgang durch die Spalten ein Interferenzmuster mit mehr als zwei Maxima.

Ein anderer wichtiger Aspekt besteht darin, dass in einem Quanten-system, also in einem geschlossenen System, welches isoliert ist von der Umwelt, alles im Rahmen des Möglichen verbleibt. In diesem System, das nicht mit der Umwelt in Beziehung tritt, gibt es keine Fakten – und somit keine Zeit.

Unsere Zeit wird von Fakten bestimmt. So sagen wir vor diesem oder nach jenem Ereignis, vor dem Versuch oder nach dem Versuch, vor meiner Rente oder nach meiner Rente. Fakten strukturieren die Zeit und dies sowohl im persönlichen wie auch im biologischen und kosmischen Rahmen. Wir werden noch darstellen, dass zu unserem Verstehen der Zeit im alltäglichen Sinne die „Dynamische Schichten-struktur" aus Quantentheorie und klassischer Physik notwendig ist. Für uns Menschen ist der Wechsel zwischen diesen beiden Beschreibungen der Realität wichtig, welcher sowohl die Fakten als auch die Möglich-keiten erfasst. In der Natur lösen sich diese Vorgänge ständig ab.

Die Quantenphysik ist die Physik des Genauen. Sehr lange lebte man allein mit den Beschreibungen der klassischen Physik und hatte damit viele industrielle Erfolge. Als man mit den Untersuchungen sehr genau wurde, kam Max Planck auf die Quantenphysik. Diese kommt also immer erst ins Spiel, wenn man sehr genau werden muss. Auch im Großen muss man manchmal gründlich untersuchen. Im Kleinen sollte man immer genau sein. Das Kleine geht unter die Größe von Nano-partikeln, die heute schon im Alltag durch ihre Wirkungen in die all-täglichen Betrachtungen gelangen. Andererseits gibt es, was für die Untersuchung von fundamentalen Zusammenhängen wichtig wird, weit ausgedehnte Quantenobjekte. Quanten können sowohl als Teilchen auf-treten und ebenfalls als ausgedehnte Systeme.

Die Quantenphysik ist also nicht nur „Mikrophysik". Sie kann auch als Physik des Ausgedehnten betrachtet werden.

Als Quantenobjekte bezeichnen wir solche Entitäten, wie sie oben unter den Punkten 1 bis 4 aufgeführt worden sind. Sie sind zumeist sehr klein, so wie die Atome. Sie können aber auch sehr ausgedehnt er-scheinen und trotzdem Quantenverhalten zeigen, sich also gemäß der Schrödinger-Gleichung verhalten. Der wesentliche Parameter ist die

Masse. Aus masselosen Photonen können heute im Experiment bereits Quantenobjekte mit einer Ausdehnung von 1 200 km präpariert werden. Diese Quantenobjekte besitzen trotzdem keine Teile, bevor sie zerlegt werden. Diese Forschungen werden von China finanziert und durch österreichische Wissenschaftler unterstützt. Das Ziel ist ein "Quanteninternet". Das soll zu der Sicherheit führen, nicht von anderen Staaten und Institutionen abgehört werden zu können. Dies wäre eine aus naturgesetzlichen Gründen gegebene Sicherheit, also eine prinzipielle.

Die Aspekte von Ausgedehntheit und von Beziehung führen zum Begriff der Verschränkung. Wechselwirkende Quantensysteme bilden durch die multiplikative Quantenstruktur neue Ganzheiten, deren Zustände als „verschränkt" oder gleichbedeutend als „kohärent" bezeichnet werden. Der wenig glücklich gewählten Begriff der „Verschränkung" lässt allerdings undeutlich werden, dass die Ausgangsteilchen oftmals nicht mehr als eigenständige Objekte existieren, sondern in der Ganzheit aufgegangen sind. Hingegen bleiben „zwei verschränkte Bretter" zwei Bretter. Allerdings gibt es massereiche Systeme, bei denen nur Teilsysteme eine verschränkte Ganzheit bilden, während andere Teile dies nicht tun.

Der Weg ins Kleine ist mitnichten der Weg ins Fundamentale

Der Weg ins Kleine, der heute noch vielfach als der Versuch gesehen wird, ins fundamental Gesetzmäßige zu gelangen, wird immer komplizierter und komplexer. Wie oben dargestellt, ergibt sich allein bereits aus Plancks Formel, dass immer mehr Energie aufgewendet werden muss, um „das Kleine" zu erforschen. Das heißt, es müssen in praxi immer größere Beschleuniger gebaut werden, um noch kleinere Teilchen zu untersuchen. Am LHC (Large Hadron Collider) im CERN bei Genf befindet sich ein 26,7 km großer Ring, zum größten Teil unter französischen Grund. In diesem werden Teilchen, z. B. Protonen und Atomkerne von Blei, auf nahezu Lichtgeschwindigkeit gebracht. Beim Zusammenstoß explodieren und zerplatzen die Teilchen. Dabei entstehen viele Zerfallsprodukte mit einer extrem kurzen Existenzdauer. Das dort gefundene Higgs-Teilchen hat eine „Lebensdauer" vom billionsten Teil einer milliardstel Sekunde.

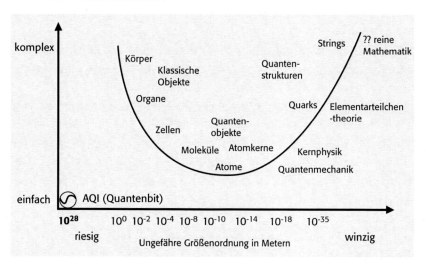

Abb. 2: Der Weg, der zu immer einfacheren Strukturen führen sollte, führte ins „immer Kleinere", bis zu den Atomen. Danach jedoch kehrt sich der Prozess um. Die Natur und ihre Beschreibungen durch die Physik werden immer komplexer und komplizierter, je kleiner die postulierten Strukturen werden.

Man kann in Anbetracht der langen Jahre von Forschung und dem Einsatz finanzieller Mittel auch von einer Sackgasse in der Untersuchung der elementaren Teilchen sprechen.

Der Weg zu den kleineren Strukturen war bis zu den Atomen sinnvoll. Ins noch Kleinere gehend, führt dies zu immer komplexeren und komplizierteren Theorien und keinesfalls zu einfacheren Strukturen! (Abb. 2) Man landete bei der Stringtheorie. Um diese ist es, auch in der öffentlichen Wahrnehmung, schon viel ruhiger geworden. Mit der Stringtheorie wurde eine interessante Mathematik entwickelt, die heute Anwendung in der Festkörpertheorie findet, da auch dort komplexe

Fragen behandelt werden. Aber – und das ist das Wesentliche – sie wurde zu keinem Weg, um auf diese Weise einfache Strukturen zu finden.

Der Sinn von „Erklären" besteht doch darin, dass das Komplexe aus dem Einfachen aufgebaut ist und damit seine Struktur nachvollzogen werden kann. Die aus der Antike stammende Idee der Atome nährte die Vorstellung, dass die kleinsten Teilchen zugleich auch die einfacheren sind. Das hat sich jetzt im „Inneren der Atome" als Trugschluss erwiesen. Das ist gut verstehbar. Anderenfalls würde wahr werden, dass je mehr Energie konzentriert wird (und somit desto kleiner alles wird), es auch umso einfacher werden würde. Und diese Schlussfolgerung – je mehr Energie, desto einfacher – klingt und ist absurd. Denken wir an Max Planck und seine Formel. Sie sagt, je weniger Energie gebraucht wird, desto ausgedehnter wird das Quantenobjekt sein. Also lautet die richtige Schlussfolgerung: Je einfacher das Quantenobjekt, desto ausgedehnter wird es sein.

Da man trotz des Einsatzes zehntausender Wissenschaftler und vieler Milliarden von Euro und Dollar auf dem Weg ins energiereiche Kleinere nicht zu dem Fundamentalen vorgestoßen ist, wird der Ruf nach einer „neuen Physik" immer lauter.

Der Weg zur Neuen Physik: Die Rolle der abstrakten Quanteninformation

Bisher wurde vor allem von den materiellen und energetischen Quanten (Photonen) gesprochen. Jetzt kommt ein neuer Aspekt in die Betrachtung, nämlich die Information.

Claude Shannon (1916 – 2001) zeigte um die Mitte des vorigen Jahrhunderts, dass Information messbar wird. Gemessen wird die Menge an Bits und – was sehr wichtig ist – nicht die Bedeutung der Information. (Beispiel: man zahlt für die Dauer eines Telefongesprächs und nicht für den Inhalt des Gesagten). Shannon bezeichnete seine Arbeit als „mathematische Theorie der Kommunikation". Aber er beschreibt eine relative Information. Die Größe oder Menge der Information hängt von der Wahl des „Alphabets" ab. Die Shannon-Information ist also nicht absolut. Um eine Einordnung in die fundamentale Physik vornehmen zu können, war ein absoluter Bezugspunkt notwendig. Dazu unten mehr. Konrad Zuse (1910 – 1995) baute 1941 den ersten programmgesteuerten und frei programmierbaren Binärrechner der Welt. Dieser wurde im Kriege zerstört. Bei programmgesteuerten Rechnern relativiert sich der Unterschied zwischen Daten und Programm.

Die Erkenntnisse von Norbert Wiener (1894 – 1964), die zur Kybernetik führten zeigten: Information kann steuern! Information kann damit reale Wirkungen auf materielle Systeme ausüben. Aber auch wie bei Shannon gibt es bei Wiener keine Beziehung zwischen der Information und Materie. Wiener betont ausdrücklich: „Information ist Information, weder Energie noch Materie." Die kleinste Einheit der Information ist ein Bit. Der Begriff „Bit" ist heute den meisten Menschen mit der Vorstellung von „0 oder 1", also von einer binären Alternative, geläufig. Beim Rechner werden die „Schalterstellungen" dazu durch Programme gesteuert. Ein Quantenbit unterscheidet sich vom klassischen Bit, dass es zu den beiden Werten 0 und 1 einen „Fächer von Möglichkeiten" eröffnet.

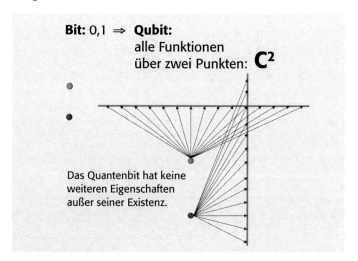

Abb. 3: Verdeutlichung von Bit und Quantenbit

Bei Shannon und Wiener ist die Information nur „relativ" definiert. Ihr Maß hängt z. B. ab von der Wahl eines Alphabets. Shannon zeigt, dass beim „Morse-Alphabet" darauf geachtet werden muss, wie die relative Häufigkeit der lateinischen Buchstaben in einer Sprache ist. Je häufiger ein Buchstabe erscheint, mit desto weniger Punkten und Strichen soll er codiert werden.

Die Physik muss das Absolute suchen. Alles Relative ist nur relativ. Alle „Bedeutung" ist weithin relativ. Die Physik kann daher nicht mit „Bedeutung" arbeiten, denn sie sucht das „Objektive".

Ein Beispiel für die Relativität, die im Alltag auch eine Bedeutung hat, ist der Begriff „Temperatur". Man wählte verschiedene Null-Punkte für eine Skala. Von Daniel Gabriel Fahrenheit (1686 – 1736) wurde im frühen 18. Jahrhundert eine Skala eingeführt, welche heute noch in den USA benutzt wird. Fahrenheit wollte negative Temperaturen vermeiden und setzte seinen Nullpunkt an die Stelle der tiefsten Temperatur, die er experimentell erreichen konnte. Von dem Schweden Anders Celsius (1701 – 1744) wurden 1742 das Gefrieren und das Sieden des Wassers als Skalen-Punkte 0° und 100° gesetzt. Das wurde die in Europa übliche Temperaturangabe. Damit konnte man gut im Alltag mit dem Begriff Temperatur umgehen.

Man verstand aber damit nicht, was Temperatur eigentlich ist. Erst der absolute Wert der Temperatur durch die Definition von einem absoluten Nullpunkt ermöglicht das Erklären der Temperatur als gemittelte innere Bewegung der Atome oder Moleküle in einem Stoff. Weniger Bewegung als keine Bewegung gibt es nicht – diesem Zustand entspricht der absolute Nullpunkt der Temperatur.

Die Quantenbits der Protyposis

Um eine „absolute Information" definieren zu können musste eine theoretische Verbindung zu vorhandenen mathematisch-physikalischen Ergebnissen geschaffen werden. Damit kann ein Messwert für die Anzahl der Quantenbits angegeben werden. Die Möglichkeit dafür eröffnete sich mit den Arbeiten von Jacob David Bekenstein (1947 – 2015) und Stephen Hawking (1942 – 2018) über die Entropie der schwarzen Löcher. Entropie ist das Maß für die Menge an unbekannter Information. Man kann auf diese Weise die Information messen, die unbekannt ist. Die schwarzen Löcher zeigen, dass man von außen für das Schwarze Loch nur drei Messwerte haben kann: seine Masse, elektrische Ladung und Drehimpuls. Alle weitere Information über den konkreten Zustand im Inneren von einem schwarzen Loch ist unzugänglich und damit unbekannt. Man kann aber die Menge dieser unbekannten Information – also die Entropie des Schwarzen Loches – mit Hilfe der drei von außen feststellbaren Messwerte berechnen. Damit gelang es, die Ur-Theorie von Carl Friedrich von Weizsäcker (1912 – 2007) über die Theorie der schwarzen Löcher mit der etablierten Physik zu verbinden.[64]

Weizsäcker kam in den 50er Jahren des vorigen Jahrhunderts auf Grund von philosophischen Überlegungen zu dem Schluss, dass entscheidbare Alternativen („quantische" ja-nein-Entscheidungen) die Basis für die Beschreibung der Natur bilden müssten. Er nannte sie „Ure" und betrachtete sie als Information. Seine Überzeugung war allerdings, dass Information immer mit Wissen und Bedeutung gekoppelt ist. Ein „absoluter Begriff der Information" wurde von ihm strikt abgelehnt.

Damit ergab sich die Forschungsaufgabe, über Weizsäckers relative Information hinaus zu gehen, um zu einer absoluten Information zu gelangen. Der Weg führte, wie gesagt. über die Entropie der Schwarzen Löcher. Das war vor über 30 Jahren recht gewagt, denn die meisten der führenden Physiker, so auch Weizsäcker, glaubten damals nicht an die reale physikalische Existenz von Schwarzen Löchern. Über diese aber gelangte man zu den absoluten Bits von Quanteninformation, zu den AQIs. Diese absoluten, also von aller konkreten Bedeutung abstrahierenden Bits von Quanten-Information, die AQIs, werden mit der Theorie der Protyposis zu einer absoluten Größe. Der Name Protyposis für diese nichtmaterielle Quantenstruktur wurde von dem Altphilologen

---

[64] Görnitz, T. (1988a) „Abstract quantum theory and space-timestructure, part I, Ur theory, space-time continuum and Bekenstein-Hawking entropy". Intern Journ Theoret Phys 27: 527 – 542.
Görnitz, T. (1988b) „On connections between abstract quantum theory and space-time-structure, part II, A model of cosmological evolution". Intern Journ Theoret Phys 27: 659 – 666.

Roland Schüßler, der sich für diese Theorie begeistert hat, vorgeschlagen. Der Begriff soll verdeutlichen, dass es sich um eine Struktur handelt, in der das „pro" auf Entwicklung hindeutet. Die Protyposis, „προτύποσις = das Vorgeprägte", kann sich zu allem formen, was existiert und was wir als Gestalten kennen. Mit anderen Worten, es ist die „bedeutungsoffene Vorsubstanz" für die Erscheinungen in der Welt. Die AQIs – die mathematisch einfachsten Strukturen, die in der Quantentheorie möglich sind – können sich in ihrem Zusammenwirken zu allen komplexeren Strukturen entwickeln.

Ein Begriff muss umso mehr von allem Speziellen abstrahieren, je allgemeiner er sein soll. „Pflanze" muss sowohl Bäume, Sträucher, Getreide als auch Blumen, Gräser und Kräuter umfassen. Alle die Unterschiede zwischen diesen verschiedenen Erscheinungen fallen bei diesem hohen Grade von Abstraktheit heraus. Die Protyposis kann außer ihrer Existenz keine weiteren Eigenschaften haben, also weder die des Geistigen noch die des Materiellen. Alles Spezielle im Kosmos muss sich konkret aus dieser Quanteninformation formen können. Deshalb ist sie aus physikalischer und philosophischer Sicht zugleich das Abstrakteste, was überhaupt gedacht werden kann.

Dann kann als naturwissenschaftliche Aussage festgestellt werden, dass Masse und Energie äquivalent zur Information sind, einer Information, die von aller Bedeutung abstrahiert. Weil genau dann null Gramm Materie auch null Quantenbits entsprechen kann. Äquivalent heißt nicht „es ist gleich", aber unter bestimmten Bedingungen kann das eine in das andere umgeformt werden. (So wie Bewegung (kinetische Energie) am LHC in Genf in Masse umgeformt wird.)

In Ergänzung zu Einsteins und Plancks Formeln
$$E = mc^2 \quad \text{und} \quad E = hc / \lambda$$
erhalten wir eine Beziehung zwischen einer Masse m, der dazu äquivalenten Energie E und der Anzahl N der AQIs, welche diese Struktur formen:
$$E = mc^2 = hc / \lambda = N \, h / t_{kosmos}$$

Dabei ist c die Lichtgeschwindigkeit, h das Wirkungsquantum, die charakteristische Ausdehnung (Wellenlänge bzw. Compton-Wellenlänge), und tkosmos das Alter des Kosmos.

Mit dem Blick auf die Information wird mit dieser Erweiterung zugleich auch die Plancksche Formel $E \sim 1/\lambda$ besser verstehbar. Je mehr Information da ist, desto lokalisierter kann etwas werden. Mit viel Information kann etwas gut lokalisiert werden. Das ist im Kosmos so und ebenso auf der Erde. Dies macht man sich leicht klar, wenn man sich vorstellt, dass ein Dokument gesucht werden soll. Weiß man nur das Land, ist die Aufgabe nicht zu lösen. Erst mit mehr Information – über die Stadt, die Straße, das Haus, das Stockwerk, das Zimmer usw. – lässt diese Mehrinformation das Dokument auffindbar werden.

Das Quantenbit kann als „kosmische Schwingung" verstanden werden. Eine minimale Information wird eine maximale Ausdehnung haben. Je weniger Information gegeben ist, desto weniger genau ist ein Ort festgelegt. Die quantischen Resonanzen dieser Schwingungen, als eine Addition der Frequenzen, formen sich zu den Teilchen.

Ein Protyposis-Qubit, die kleinste Einheit der Information, ist kosmisch. Erst viele Qubits werden zu etwas räumlich Kleinem. Wie alle naturwissenschaftlichen Erklärungen ist auch diese eine reduktionistische. Aber die Reduktion führt nicht zu „kleinsten Teilchen", sondern zum tatsächlich Einfachen und Grundlegenden, zu den Bits der Protyposis. Damit eröffnet sich wiederum der Weg zum Komplexen, zum Verstehen der Entstehung des Lebens und schließlich des Bewusstseins. Die monistische, also nicht-dualistische Struktur der Protyposis muss somit in der Lage sein, sich zu dem Materiellen und zu dem Geistigen formen zu können.

Lange waren die Vorstellungen von Geist und Körper als zwei getrennte „Substanzen" vorherrschend. Vor über 350 Jahren hatte René Descartes (1596 – 1650) mit der „res cogitans", der denkenden, und „res extensa", der ausgedehnten Substanz, beide beschrieben. Diese Vorstellungen von zwei Substanzen, für deren gegenseitige Beeinflussung keine sinnvolle naturwissenschaftliche Vorstellung postuliert werden kann, werden durch den Monismus einer fundamentalen Quanteninformationsstruktur abgelöst. Diese gibt eine einheitliche Grundlage für dasjenige, was bei komplexen Erscheinungen in Form und Inhalt getrennt werden kann.

Das grundlegend Einfache und die Bildung von Teilchen

Die aus der Quanteninformation gebildeten Strukturen erscheinen sowohl ausgedehnt als auch geformt wie Teilchen. Die Elementarteilchen sind sekundäre Bildungen aus den primären AQIs der Protyposis.

Die Struktur dieser Information ist naturwissenschaftlich erklärt, also mathematisch und physikalisch. Das kennzeichnet einen wichtigen Unterschied zu philosophischen oder religiösen Zugangsweisen. Wie alle physikalischen Erklärungen, welche die Astrophysik und den Kosmos betreffen, müssen sie durch theoretische Strukturen an die Experimente auf der Erde angeschlossen und dadurch fundiert werden. Bisher wird die Quantentheorie oft nur als Mikro-Physik dargestellt. Die AQIs, die abstrakte Informationsstruktur, können wir uns wie gesagt im Gegensatz zu „mikro" primär vorstellen als ausgedehnte kosmische Schwingungen.

Die AQIs als Quantensysteme bilden wie alle Quantensysteme Beziehungsstrukturen aus. Die Zunahme der Anzahl der AQIs erfolgt in der kosmischen Entwicklung. Der Beginn der Zeit, das Erscheinen des Raumes, das Entstehen der Protyposis sind drei bedeutungsgleiche Formulierungen für den Beginn des Seins. Der Verlauf der Zeit, die Expansion des Kosmos, die Evolution der Protyposis sind drei bedeutungsgleiche Formulierungen für das Werden des Seins.

Die Anzahl der AQIs liefert ein Maß für das Alter des Kosmos und damit auch für dessen wachsende Ausdehnung. Dieses „Schaffen von Raum" ermöglicht die Formung von Teilchen, welche als „voneinander getrennt" betrachtet werden können. Sie sind zu verstehen als gestaltete, „kondensierte" Information. Die in den Elementarteilchen, also den Photonen oder den materiellen Quanten, enthaltene potentiell bedeutungsvolle Information versetzt sie in die Lage, in Beziehung zu anderen Teilchen zu treten und neue größere Gestalten zu kreieren.

Viele Erscheinungen, die oft als „fundamental verschieden" angesehen wurden, relativieren sich dadurch, dass sie alle als verschiedene Formen dieser einen Grundsubstanz zu verstehen sind. Wir sprachen bereits davon, dass je nach dem Kontext, also nach den Bedingungen in der Umgebung, die Quanten sich wie eine Welle oder wie ein Teilchen verhalten können. Kraft und Stoff sind nicht mehr so fundamental verschieden wie sie früher erschienen. Sie unterscheiden sich nur durch den Spin, den Eigendrehimpuls der entsprechenden Quanten. Kraftquanten (Bosonen genannt) haben einen ganzzahligen und Stoffquanten (Fermionen genannt) einen halbzahligen Spin. Diese beiden Formen von AQIs können ineinander umgewandelt werden. (Zwei Halbe ergeben ein Ganzes.) Dem in manchen religiösen Traditionen wichtigen Empfinden einer „Einheit von Fülle und Leere" entspricht das Modell des Vakuums in der Quantentheorie. In der Quantenfeldtheorie entspricht dem Vakuum die Fülle aller möglichen Quantenteilchen. Werner Heisenberg formulierte: „Das Vakuum ist das Ganze", was eine Entsprechung dazu wäre. Das Vakuum kann als die Gesamtheit aller möglichen AQIs angesehen werden. Wichtig ist, dass die Betrachtung, ob etwas als Objekt oder als Eigenschaft gesehen werden kann, ebenfalls vom Kontext abhängig ist. Im Lebendigen wird dies eine Rolle spielen. Die griechische und deutsche Sprache erfassen dies, indem sie ermöglichen, vom „Guten, Wahren und Schönen" zu sprechen.

Kontextabhängigkeit von „Eigenschaft" und „Objekt"

komplex

einfach

- Im Rahmen der Quantenfeldtheorie ist ein Teilchen eine Eigenschaft eines Quantenfeldes.

- Im Rahmen der Quantenmechanik ist ein Teilchen ein eigenständiges Objekt.

- Im Rahmen der Quantenmechanik sind Qubits Eigenschaften von Teilchen.

- In der Theorie der Protyposis ist ein Qubit eine eigenständige Struktur.

Abb. 4: Die verschiedenen Aspekte der Quantentheorie

Die Quantentheorie kann man je nach ihrer Betrachtungs- und Vorgehensweise einteilen in

1. Quantenfeldtheorie: Hier ist ein Teilchen eine Eigenschaft eines Quantenfeldes.
2. Quantenmechanik: In ihrem Rahmen ist ein Teilchen ein eigenständiges Objekt.
3. Strukturen von Quantenbits: Im Rahmen der Quantenmechanik sind Qubits Eigenschaften von Teilchen. In der Theorie der Protyposis ist ein Qubit eine eigenständige Struktur.

Ein AQI kann als Objekt und auch als Eigenschaft von einem aus vielen AQIs gebildeten energetischen oder materiellen Quantenobjekt gesehen werden. Beispielsweise ist ein Photon etwa 1030 AQIs. Ein AQI davon ist die Polarisationsrichtung. (Die anderen AQIs sind verbunden u. a. mit dem Ort der Erzeugung des Photons in dem riesigen Kosmos und mit der Frequenz aus einer riesigen Zahl möglicher Frequenzen.) Während die Polarisation des Lichts von Bienen und Vögeln gesehen werden kann und somit dieses AQI für diese Tiere bedeutungsvoll wird, können wir Menschen die Polarisation ohne Hilfsmittel nicht wahrnehmen. Sie bleibt ohne diese, zumeist technischen Geräte, für uns frei von Bedeutung. Betrachten wir als anderes Beispiel ein Gedicht: Aufgeschrieben wird es zu einer Eigenschaft des Papiers. Es erscheint aber auch als ein eigenständiges Objekt, das gefaxt oder gelernt werden kann und übersetzt und wiederum aufgeschrieben werden kann. So wie beispielsweise H_2O als Eis, als Wasser und als Dampf erscheint, gibt es verschiedene Erscheinungsformen der Protyposis:

1. als Materie mit Ruhmasse
2. als Energie, Materie bewegend
3. als Information, Energien auslösend

Jeder kann sich vorstellen, eine freudige Nachricht zu erhalten. Gleichgültig davon, wie die Information übermittelt wurde, kann sie Energien in uns auslösen, die Moleküle in Bewegung setzen. Je nach Temperament wird jemand nur lächeln oder aber vor Freude springen.

Physikalische Ergebnisse aus der Protyposis-Theorie

Die Protyposis führte zu einer realistischen Kosmologie, in der sich Dunkle Energie und Dunkle Materie ohne neue Annahmen erklären lassen.[65] Aus dieser Kosmologie wurde die induktive Herleitung der Einsteinschen Gleichungen für die Gravitation möglich.[66]

Weiterhin folgt ein sinnvolles Modell für das Innere der Schwarzen Löcher ohne die Behauptung eines Verschwindens der Materie in einem Punkt.[67] Bereits in 1990er Jahren wurden mathematische Modelle für relativistische Teilchen (auch mit Masse) aus Quantenbits berechnet.[68] Schließlich wurde eine Begründung der mathematischen Struktur der schwachen, der elektromagnetischen und der starken Wechselwirkung gegeben.[69]

Die überaus erfolgreiche Zusammenfassung der elektrischen, magnetischen und optischen Erscheinungen in Maxwells Theorie des Elektromagnetismus war zur Leitidee der Elementarteilchenphysik geworden. Mit der „elektroschwachen Wechselwirkung" und der aus ihr folgenden Entdeckung des „Higgs-Bosons" war ein Schritt zu einer gewissen Vereinheitlichung erfolgt. Das Ziel war allerdings, alle an den Elementarteilchen auftretenden Kräfte in eine einzige zusammenzufügen. Die drei dort unterscheidbaren Wechselwirkungen haben die Struktur von sogenannten „Eich-Wechselwirkungen". Sie beruhen auf drei Symmetriegruppen. Die lange gesuchte „Einheitskraft" müsste dann aus einer sehr großen Symmetriegruppe folgen, welche die anderen Gruppen enthält.

---

[65] a. o. O.

[66] Görnitz, T. (2011) „Deriving general relativity from considerations on quant. information". Adv Sci Lett 4: 577 – 585.

[67] Görnitz, T., Ruhnau, E. (1989) „Connections between abstract quantum theory and space-time-structure, part III, Vacuum structure and black holes". Intern Journ Theoret Phys 28: 651 – 657. Görnitz, T. (2013) „What happens inside a black hole?" Quantum Matter 2: 21 – 24.

[68] Görnitz, T., Graudenz D, Weizsäcker C. F. v. (1992) „Quantum field theory of binary alternatives". Intern J Theoret Phys 31: 1929 – 1959. Görnitz, T., Schomäcker, U. (2012) „Quantum particles from quantum information". J Phys: Conf Ser 380:012025. https://doi.org/10.1088/1742-6596/380/1/012025.

[69] Görnitz, T. (2014) „Simplest quantum structures and the foundation of interaction". Rev Theor Sci 2: 289 – 300. Görnitz, T., Schomäcker, U. (2016) „The structures of interactions – how to explain the gauge groups U(1), SU(2) and SU(3)", Found Sci. https://doi.org/10.1007/s10699-016-9507-6.

Diese große Gruppe hätte eine Unzahl von postulierten Teilchen notwendig zur Folge. Kein einziges von diesen wurde bisher gefunden. Mit der Protyposis wird verstehbar, wieso alle diese seit Jahrzehnten laufenden Versuche bis heute ohne Erfolg geblieben sind. Sie zeigt, dass eine Vereinheitlichung der drei Kräfte nicht möglich, aber auch nicht notwendig ist. Mit der Protyposis ist eine Grundlage sowohl für alle Materie als auch für alle Kräfte gegeben.

Diese mathematisch-physikalischen Ergebnisse mögen dem fachfremden Leser nicht viel sagen. Sie zeigen auf, dass die Neue Physik in der Tat wichtige Schritte zur Erklärung naturwissenschaftlicher Zusammenhänge schon geliefert hat. Aus dieser einfachsten Quantenstruktur lassen sich die mathematischen Strukturen herleiten, welche sich in der wissenschaftlichen Praxis so überaus bewährt haben.

Die Protyposis-Theorie erfüllt die Bedingungen von „Occams razor". Dieses Prinzip besagt, dass man diejenige Theorie vorziehen sollte, welche bei gleichen Ergebnissen die geringste Anzahl von freien Parametern voraussetzt. Diese sollen in klaren logischen Beziehungen zueinander stehen. Die Protyposis benötigt keine solchen postulierten Strukturen wie die „Inflation" und auch nicht die vielen anderen vorhergesagten Teilchen, nach denen seit Jahrzehnten mit viel Werbung und einem großen finanziellen Aufwand bisher erfolglos geforscht und gesucht worden ist.

Die Protyposis-Theorie zeigt die logische Abfolge, wie ausgehend von der einfachsten Struktur zu den Teilchen, den Kräfte und den komplexeren Formungen, die Grundlagen gelegt wurden, welche für die Beschreibung des Lebens und des Bewusstseins nötig sind.

Die dynamische Schichtenstruktur

Auch wenn die Quantentheorie die fundamentalere Erklärung gegenüber der klassischen Physik liefert, können wir Menschen weder in der Beschreibung des Lebendigen noch selbst als Lebewesen handelnd ohne das Konstatieren von Fakten auskommen. Für das Verstehen auch der evolutionären Entwicklung benötigen wir die klassische Physik mit ihren Fakten und die Quantenphysik mit den Möglichkeiten. Mit der dynamischen Schichtenstruktur werden beide Beschreibungsweisen erfasst.[70]

Der dynamische Prozess zwischen dem Vorhandensein von Möglichkeiten und von Fakten kann als ein allgemeines Prinzip der Evolution verstanden werden. Im sich entwickelnden Universum bilden sich faktische Gestalten heraus, materielle Objekte wie Atome, Sterne und später Planeten. Naturwissenschaftlich betrachtet müssen wir uns als Kinder der kosmischen und biologischen Evolution sehen. Die notwendigen chemischen Bestandteile für das Entstehen von Leben sind in mehreren Supernova-Explosionen entstanden. Solche Sternexplosionen führten letztlich zu unserem Sonnensystem.

In dem „Streben nach Bindung" formen sich Moleküle und später die Lebewesen. Die Pflanzen, Pilze und Tiere besitzen, auch bedingt durch ihre Umwelt, also durch den Kontext, in dem sie leben, einen mehr oder weniger großen Fächer von Möglichkeiten für ihre Reaktionen und ihr Verhalten. Es entwickelt sich alles gesetzmäßig, aber nur im Rahmen von Wahrscheinlichkeiten. Manchmal liegen die Wahrscheinlichkeiten für die Existenz eines Systems oder eines Objektes nahe bei eins. Dann erleben wir eine relativ große Stabilität. Die große Zahl von möglichen Entwicklungen und von den daraus folgenden verschiedenen faktischen Ergebnissen wird durch die Diversität des Lebendigen auf allen Organisationsstufen aufgezeigt. Wir können uns an dieser kreativen Vielheit von Formen, Farben und Verhaltensweisen der Lebewesen erfreuen.

Leben – eine bisher nicht dagewesene Qualität

Wir können heute das Leben und seine Entstehung besser verstehen, da für dieses neben Materie und Energie die Information eine wesentliche Rolle spielt. Mit dem Leben wird Information zum ersten Male in der kosmischen Evolution bedeutungsvoll. Jeder chemische Vorgang

---

[70] Görnitz, T., Görnitz, B. (2002, 2006, 2013) Der kreative Kosmos/Geist und Materie aus Quanteninformation. Spektrum, Heidelberg.

bei der Entstehung des Lebens, das Zusammenspiel der Ionen und Moleküle, hat die Bedeutung, dieses System von miteinander agierenden Teilen innerhalb einer Membran zu erhalten. Systeme, welche „dieses Bestreben" nicht haben, werden sehr schnell „ausgemendelt" und fallen aus dem Evolutionsgeschehen heraus.

Lebewesen sind metastabile Systeme. Sie stabilisieren sich mithilfe ihrer internen Quanteninformationsverarbeitung. Von den einzelligen Bakterien über die Pflanzen und Pilze bis zu den Tieren besitzen alle Lebewesen eine intelligente Informationsverarbeitung. Alle Lebensformen sind empfindungsfähig.

Bei allen Vorgängen im Zusammenhang mit Leben und Bewusstsein ist die elektromagnetische Wechselwirkung bedeutsam. Bei ihr finden wir Anziehung und Abstoßung als ein Merkmal in der Beziehung der Teilchen sowie die Möglichkeit zu einer gegenseitigen Einwirkung aufeinander. Mit dieser Wechselwirkung werden die elektrischen, die magnetischen und die optischen Erscheinungen zusammengefasst. Sie ist die Grundlage für die Existenz von festen Körpern, von Flüssigkeiten und für die Reaktionen in Gasen.

Es mag für manche überraschend sein: Alle Wirkungen der elektromagnetischen Kraft werden durch Photonen vermittelt, die auch als Licht- oder Energiequanten bezeichnet werden. Elektromagnetismus muss verstanden werden als Austausch von realen und virtuellen Photonen zwischen elektrischen Ladungen. Diese Photonen sind der Träger der aktivierten bedeutungsvollen Information. Die gesamte Chemie und damit natürlich auch die Biochemie, also die Stoffwechselvorgänge im Lebendigen, beruhen auf der elektromagnetischen Wechselwirkung zwischen den positiv geladenen Atomkernen einerseits und den negativ geladenen Elektronen andererseits.

Energieänderungen, das Aufnehmen oder Aussenden von Photonen an den geladenen Elektronen und Ionen bei den Stoffwechselvorgängen im Gehirn, verursachen die Wellen im EEG, dem Elektroenzephalogramm: Viele reale Photonen gemeinsam bewegen sich als „elektromagnetische Welle" durch den Raum. In der Beschreibung der Quantentheorie sprechen die Physiker bei diesen Wellen von realen und beim unbewegten Feld, dem Coulomb-Feld, von virtuellen Kraftquanten, also virtuellen Photonen. Die elektromagnetische Wechselwirkung wird zu einem bestimmenden Faktor für die Existenz des Lebendigen. Manchmal werden heute in Dokumentationen oder in Filmen, nicht nur der Ausfall des Herzschlages im EKG, sondern auch die nicht mehr vorhandenen elektromagnetischen Wellen im Elektroenzephalogramm (EEG) angezeigt. Letzteres ist eines der wichtigen Kriterien für den Hirntod, somit für das Ende der lebendigen Persönlichkeit. Die Photonen, welche die elektromagnetischen Wellen bilden, werden nicht mehr ausgesendet und sind daher nicht mehr mit den Elektroden nachweisbar, die am Kopf angebracht sind.

Photonen wirken als Teilchen oder Welle und transportieren Information. Allerdings können Photonen nicht mit anderen Photonen wechselwirken. Zumindest geschieht dies nicht unter den üblichen Energiebedingungen auf der Erde. Deshalb werden sie immer auf „Materielles" wirken und die Materie, dadurch angeregt, kann dann wieder neue Photonen mit einer anders codierten Information aussenden.

Chemische Objekte wie einfache Moleküle, z. B. Aminosäuren, die auf der Erde oder in Kometen entstanden sind, können wiederum miteinander in Beziehungen treten. Dabei formen sich unter der elektromagnetischen Wechselwirkung der quantischen Teile neue Ganzheiten.

Die Herausformung des Lebendigen

Zu Beginn der Herausformung von Leben entstand z. B. in einem Kometen oder in einer Gesteinspore in der Nähe heißer Quellen eine Gesamtheit von wässrigem Substrat mit den darin vorhandenen organischen Molekülen, Ionen und weiteren Bestandteilen. Die Beziehungen, die sich bei den Prozessen zwischen diesen Bestandteilen ergeben, können sich für einige Zeit stabilisieren. Dieser Vorgang führte auch zu einer sich schließlich herausbildenden sehr komplex arbeitenden Membran. Diese definiert eine Unterscheidung zwischen innen und außen und ermöglicht zugleich den notwendigen Informations-, Energie- und Materieaustausch mit der Umgebung.

Bei den chemischen Vorgängen, welche wie erwähnt ausschließlich durch den Austausch realer und virtueller Photonen zwischen Molekülen und Ionen geschehen, erhalten die Photonen von den beteiligten Molekülen und Ionen spezielle Eigenschaften, z. B. bestimmte Frequenzen und Polarisationen. Diese können im Prozess als codierte Informationen wirksam werden. Beim Entstehen des Lebens bildet sich aus der Ganzheit des Beziehungsgeflechtes der Moleküle ein Bewertungszusammenhang heraus. Nichtlokale, also ausgedehnte verschränkte Quantenzustände sind bei Vorgängen im Lebendigen wichtig. Sie formen quantische Ganzheiten, welche sich als ausgedehnte Informationsstrukturen z. B. über den Einzeller erstrecken. Der interne Zustand des Lebewesens wird dabei mit der äußeren Umgebung in Beziehung gesetzt. Die sich herausbildende Gesamtheit von Information kann den Einfluss von außen und innen bewerten, das heißt decodieren, und das Lebewesen in gewissem Maße steuern, indem z. B. versucht wird, eine bestimmte katalytische Wirkung im Inneren zu verstärken oder zu hemmen. Wir können von Vorstufen einer Wahrnehmung und einem Empfinden bereits bei den Einzellern sprechen. Mit der Steuerung der Informationsverarbeitung werden sich – auch durch die räumliche Anordnung der Bestandteile – bestimmte Muster und Rhythmen herausbilden

Das Leben kann wie eine zwangsläufige Weiterführung der kosmischen Evolution zu immer komplexeren Formen der Protyposis verstanden werden. Die dem Universum seit seinem Beginn zugrundeliegende Informationsstruktur gelangt mit dem Leben in besonderer Weise zur Entfaltung und zu Einfluss. Sie wird dabei bedeutungsvoll. Somit entsteht eine über die gesamte Zelle oder in der späteren Evolution über den ganzen Organismus ausgebreitete Struktur von Informationsverarbeitung. Eine Information über Information, also eine reflexive Struktur, ist durch die mathematisch beschreibbare Quantenstruktur modellierbar. Aus der Äquivalenz von Materie, Energie und Quanteninformation folgt erstmals die naturwissenschaftliche Erklärung für die Realität und Wirkmächtigkeit des Psychischen. Es folgt darüber hinaus auch die Erklärung des Bewusstseins als Quanteninformation, die sich selbst erlebt und kennen kann.

Kosmologie in Wissenschaft und Schöpfungsbericht

Ein Grund für die Probleme, welche Menschen in der Gegenwart mit religiösen Vorstellungen haben, kann in den grundlegenden Differenzen gesehen werden, welche sich zwischen modernen kosmologischen Erkenntnissen und religiösen Aussagen über die Existenz des Kosmos auftun. Die gegenwärtigen astrophysikalischen und kosmologischen Beobachtungen weisen mit großer Sicherheit darauf hin, dass vor etwa 13,8 Milliarden Jahren ein Ereignis stattgefunden hat, welches heute mit dem – ursprünglich abwertend gemeinten – Wort „Urknall" bezeichnet wird. Der Vorgang des Urknalls ist so zu interpretieren, dass mit ihm Raum und Zeit in die Existenz getreten sind. Gute Naturwissenschaft berücksichtigt, dass es erst für Vorgänge in Raum und Zeit eine Basis für eine empirische Wissenschaft geben kann. Man kann keine naturwissenschaftlich begründeten Annahmen machen, die vor der Entstehung des Universums liegen, auch wenn manche ihre Rechnungen dahin extrapolieren. Natürlich kann im Rahmen der Naturwissenschaft auch nichts über „andere Universen" gesagt werden. Somit kann keine Feststellung bezüglich naturwissenschaftlich gemeinter Aussagen getroffen werden, die sich auf Entitäten beziehen, welche für Situationen vor der Existenz von Raum und Zeit und damit vor allem naturwissenschaftlich Erfahrbarem postuliert werden. Solche Aussagen würden vom gleichen Zuverlässigkeitsgrad sein wie andere Aussagen darüber aus dem Bereich der Religion. Vielleicht darf hierzu an Luthers Bemerkung erinnert werden: „Was machte Gott vor der Erschaffung der Welt?" Antwort: „Er saß in einem Birkenwäldchen und schnitt Ruten für vorlaute Fragesteller!" Dies gilt auch dann, wenn ähnlich gelagerte Aussagen über ein Geschehen „vor dem Urknall" in einer Sprache formuliert werden, welche große Anleihen bei den Wissenschaften nimmt.

Kosmische Entwicklung

Nach dem Urknall war der Kosmos mit einem ungeheuer heißen undurchsichtigen Plasma gefüllt. Die freien Elektronen darin waren in ständiger Wechselwirkung mit den Photonen, welche dadurch immer wieder von einer geraden Bahn abgelenkt wurden.

Etwa 300 000 Jahre nach dem Urknall wurde der Inhalt des Kosmos durchsichtig. Seit dieser Zeit können sich die damals vorhandenen Photonen frei durch den Raum bewegen. Sie bilden heute den Mikrowellen-Strahlungs-Hintergrund. Diese Strahlung und ihre Eigenschaften gehört zu den wichtigsten Hinweisen auf den Beginn des Universums. Aus dem anfänglich vorhandenen Gas von Wasserstoff und Helium kann sich nichts anderes formen als Sterne. In diesen werden durch Prozesse von Kernfusionen die weiteren Elemente des Periodensystems gebildet. Sie können am Ende der Stern-Existenz durch Supernova-Explosionen freigesetzt werden und liefern damit die Voraussetzungen dafür, dass sich im Weiteren auch Planeten formen können. Hat ein Planet einen günstigen Abstand zu seiner Muttersonne, dann wird sich auf ihm Leben entwickeln.

Leben auf der Erde

Vor 3 bis 3,5 Milliarden Jahren entstanden die ersten Lebensformen auf der Erde. Dies waren für über 2 Milliarden Jahre nur einzellige Lebensformen. Als einige von ihnen zur Photosynthese fähig wurden, wurde die Atmosphäre der Erde mit freiem Sauerstoff angereichert. Dieser ist einerseits ein Zellgift, andererseits ist er die Voraussetzungen für die Entwicklung von mehrzelligen Lebensformen.

Leben ist eine Selbststabilisierung metastabiler Systeme durch eine intelligente Informationsverarbeitung. Einlaufende Informationen werden primär unter dem Gesichtspunkt der Existenzstabilisierung bewertet. Durch diese Bewertungsvorgänge wird mit dem Leben die ursprünglich bedeutungsfreie Information der Protyposis zum ersten Male bedeutungsvoll.

Vor etwa 500 Millionen Jahren, im Kambrium, entstanden Tiere im Meer. Vor etwa 350 Millionen Jahren, am Ende des Devons, kamen die Tiere an Land. Seit etwa 2,5 Millionen Jahren gibt es Hinweise auf den Gebrauch von Steinwerkzeugen durch Vorfahren von uns Menschen.

Die frühen Spuren der Verwendung von Feuer sind etwa 1,5 Millionen Jahre alt. Die Verwendung von Feuer erfordert wesentlich mehr Geist als der Gebrauch von Steinwerkzeugen. Die Angst vor dem lebensbedrohlichen Aspekt des Feuers war zu überwinden. Sein Gebrauch bedarf zeitlicher Aufmerksamkeit und Planung. Vermutlich förderte dies die Formung einer grammatisch strukturierten Sprache. Zugleich ermöglichte die Erhitzung der Nahrung einen leichteren Aufschluss der Inhaltsstoffe. Mit den dadurch mehr zur Verfügung gestellten Kalorien und dem weiteren Rückgang der nicht mehr notwendigen starken Kaumuskeln erfolgte insgesamt eine bessere Versorgung des Gehirns.

Mit der Formung von Sprache wurden für die Menschen Fragen nach dem Woher und Wohin formulierbar. Man begann nachzudenken über den Menschen und über das, was der Natur zugrunde liegt. Man machte sich Gedanken über das, was über das unmittelbar Erfahrbare und Wahrnehmbare hinausging. Mündlich tradierte große Erzählungen über „Gott und die Welt" konnten allerdings für uns Heutige erst nachweisbar werden, nachdem sie auch schriftlich überliefert wurden.

Vor ca. 12 000 Jahren entwickelte sich Landwirtschaft und ca. 6 000 Jahre alt ist die Überlieferung von Schriftzeichen. Vor über 500 Jahren bereitete der moderne Buchdruck die Grundlagen für eine universelle Verbreitung von nichtbiologisch gespeicherter Information innerhalb von menschlichen Kulturen und zwischen diesen. Wenn wir die Evolution des Lebens auf der Erde noch einmal Revue passieren lassen, dann kann man drei Stufen der Informationsverarbeitung unterscheiden.

In einer Prä-Darwinschen Evolution finden wir vor allem Symbiogenese. Archaea und Bacteria besitzen keine Zellkerne. Eine scharfe Trennung zwischen verschiedenen Arten wird durch einen horizontalen Gentransfer zwischen sehr verschiedenen Bakterien und Archaeen teilweise unterlaufen. Mit den Eukaryonten, den Lebewesen, welche einen echten Zellkern besitzen, und dann vor allem mit den mehrzelligen Lebensformen beginnt eine Darwinsche Evolution mit Gen-Mutationen und Selektion. Die Bedeutung von Viren bei diesen Prozessen wird in der Forschung immer deutlicher erkennbar.

Mit der Ausbildung von Sprache und Schrift, von Kultur und Technik setzte schließlich eine Post-Darwinsche Evolution ein. Mit ihr werden bedeutungsvolle Informationen auf nichtbiologischer Basis über räumliche und zeitliche Distanzen vermittelbar.

Alles Leben basiert auf der elektromagnetischen Wechselwirkung. Sämtliche chemischen und biochemischen Vorgänge beruhen auf ihr – d.h. in der Sprache der Physik – auf dem Austausch von realen und virtuellen Photonen. Diese Photonen beinhalten und transportieren bedeutungsvolle Information. Für unsere Augen sichtbar ist allerdings nur eine einzige Oktave aus den etwa 200 Oktaven des elektromagnetischen Spektrums. Beispielsweise auch Wärme- oder Röntgenstrahlung beruht auf Photonen, die mit speziellen Kameras sichtbar gemacht werden kann.

Die nichtwissenschaftlichen Erzählungen über das Entstehen der Welt

Schöpfungsmythen sind wohl in allen Kulturen erzählt worden. Viele von diesen wurden schriftlich niedergelegt. Von den entdeckten Zeugnissen konnten in der Gegenwart viele entziffert werden. Die meisten von diesen Erzählungen versuchen, psychische, zum großen Teil unbewusste Zugänge zu Naturerscheinungen in eine bildhafte Sprache umzuformen.

Die Schöpfungserzählung am Beginn des Alten Testamentes hebt sich von der Vielzahl der Schöpfungsmythen durch eine – man kann sagen außergewöhnlich aufgeklärte – philosophische Durchdringung ab. Heute zeigt sich eine teilweise erstaunliche Möglichkeit, Teile dieser Erzählung mit modernen Forschungsergebnissen zu parallelisieren.

So hat es mich in meiner Jugend sehr gestört, dass das Licht sehr viel früher als Sonne und Mond geschaffen worden war. Heute weiß ich, dass die Sonne erst etwa 10 Milliarden Jahre nach der Hintergrundstrahlung entstanden ist. Während in allen Nachbarkulturen Sonne und Mond zu den höchsten Göttern gezählt wurden, werden sie im Alten Testament als bloße Lampen eingestuft. Auch dass das Leben zuerst im Wasser und dann erst auf dem Land erscheint und dass der

Mensch erst zu allerletzt auf den Plan tritt, das sind verblüffende Parallelitäten. Dazu gehört ebenfalls die gleichberechtigte Hervorbringung von Mann und Frau.

Im Anfang war das Wort. ᾿EN ᾿APXH ἦν ὁ λόγοσ.

Während die Schöpfungserzählung des Alten Testamentes im Wesentlichen das Entstehen von Demjenigen schildert, was uns als materielle Objekte gegenübertritt, beginnt das Johannes-Evangelium anders: „Im Anfang war der Logos."

Luther übersetzt Λόγος mit „Wort". Im Wörterbuch findet sich auch: „Satz", „Rede" und „Sinn", sogar: „Rechnung". In naturwissenschaftlicher Sprache könnte man Logos auch übersetzen mit „Information". Auch das ist eine bemerkenswerte Parallelität. Die absolute Quanteninformation, die Protyposis, ist anfänglich bedeutungsfrei, jedoch für Bedeutung offen. Sie ist eine Struktur, die eher dem Geistigen als dem Materiellen ähnlich ist.

Man kann also feststellen, die empirischen Ergebnisse der modernen kosmologischen Forschung lassen Raum für einen Glauben, der einen Sinn im Ganzen sehen kann. Wenn dem kosmischen Geschehen eine Informationsstruktur zugrunde liegt, welche die Materie als eine abgeleitete Bildung erweist, und wenn ein zeitlicher Beginn des Universums als eine sehr wahrscheinliche Konsequenz wissenschaftlicher Forschung erscheint, dann muss die Wissenschaft nicht mehr mit entgegengesetzten Vorurteilen aus dem 19. Jahrhundert verbunden werden. Damals galt der Kosmos als unerschaffen und unendlich. Die materiellen Teilchen werden noch heute von den meisten Wissenschaftlern als primär an den Anfang gesetzt. Dies, obwohl der Teilchencharakter immer mehr unter den Händen zerfließt, wenn man den Atomkern forschend untersucht.

Die modernen wissenschaftlichen Vorstellungen in die Betrachtung einzubeziehen und zu durchdenken ist natürlich auch eine Aufgabe der Theologie. Gerade die moderne Kosmologie ermöglicht Analogien und Parallelisierungen zu biblischen Aussagen, welche in früheren Zeiten für Interpretationsspielräume nicht zur Verfügung standen und die daher an manchen Texten große Verständnisschwierigkeiten erzeugt hatten. Der jüdische Theologe Pinchas Lapide prägte dazu den schönen Satz: „Man kann die Bibel ernst oder wörtlich nehmen."

Von der Quanteninformation zum Bewusstsein

Was ist die menschliche Psyche?
Unbewusstes und Bewusstsein

Jeder Mensch erfährt, wie er durch seine bewussten Gedanken auf seinen Körper einwirken kann. Was aber sind Gedanken? In der historischen Auseinandersetzung der Naturwissenschaften mit Vorurteilen religiöser Institutionen hatte sich nach den Fällen von Giordano Bruno und Galileo Galilei in der Philosophie der Naturwissenschaften die Meinung etabliert, dass allein und ausschließlich die Materie als existent betrachtet werden dürfe. Die enormen empirischen Erfolge von Naturwissenschaften und Technik haben bisher dieser Meinung großen Zulauf bereitet. Da jedoch Gedanken mit Sicherheit keine „Materie" sind, stellt sich die Frage nach ihrem Wesen heute immer hartnäckiger.

Nach der von Einstein aufgezeigten Äquivalenz von Materie und Bewegung hat man versucht, durch eine Erweiterung des Materiebegriffs weltanschaulich unerwünschte Konsequenzen zu minimieren. Da die Bewegung, physikalisch die Energie, auch als „Materie" bezeichnet wird, ist nun alles naturwissenschaftlich Bekannte lediglich „Materie". So finden sich teilweise bis in die Gegenwart noch Publikationen, in denen das Bewusstsein als ein bloßes Epiphänomen der Hirnphysiologie dargestellt wird. Manche Forscher sehen eine solche Meinung durch die experimentellen Befunde gestützt, welche die große Rolle von unbewussten Vorgängen für unsere Handlungen deutlich werden lassen, denn diese sind heute mit modernen Methoden nachweisbar geworden.

In das allgemeine Bewusstsein gelangte die wichtige Rolle des Unbewussten vor allem durch die Arbeiten von Sigmund Freud (1856 – 1939) und später auch von Carl Gustav Jung (1875 – 1961). Freud schrieb noch am Ende seines Lebens über seine Forschung:

„Den Ausgang für diese Untersuchungen gibt die unvergleichliche, jeder Erklärung und Beschreibung trotzende Tatsache des Bewusstseins."[71] Freud fand keine Erklärung für das Bewusstsein. Sein großes Verdienst bestand in der Herausarbeitung und Darstellung der bedeutsamen Rolle des Unbewussten für das Handeln und Empfinden der Menschen. Sigmund Freud formulierte „das unbewusste ES". Ein abstrahierender Begriff für das Wirken angelegter Triebe, Strebungen und Wünsche. Er betonte den primären Lebenstrieb, den Eros. Diese „libidinösen Triebe" führen zur Entwicklung der Sexualität.

Das „Ich" stellt abstrahierend von den konkreten Verarbeitungen die Verbindung zur Realität her. Es organisiert somit die Beziehungen nach außen und innen. Wenn das „Ich" als Informationsstruktur verstanden wird, dann muss man nicht nach einem speziellen herausgehobenen Ort der Verarbeitung suchen. Dann ist es naheliegend, dass es eine ausgedehnte Struktur ist.

Bewertungen und Urteile, auch für die Handlungen des eigenen Ich, sind im „Über-Ich" enthalten. Ein Teil davon wirkt ebenfalls unbewusst. Die Struktur des „Über-Ichs" umfasst somit Einstellungen und Verbote, also das Gewissen. Sie formt sich in der Vermittlung durch familiäre Bezugspersonen, aber auch durch Lehrerinnen, Freunde sowie durch religiöse Einflüsse. Gleichzeitig entsteht die Vorstellung eines „Ich-Ideals" als anzustrebendes Verhaltensziel.

Heute kennt man verschiedene Zentren im Gehirn, in welche von den einzelnen Sinnesorganen die von außen eintreffenden Informationen gesendet werden. Diese werden dort mit Einflüssen von jeweils bestimmten Inhalten aus der Psyche zusammen verarbeitet. Die Verarbeitung geschieht weit ausgedehnt über das Gehirn und den übrigen Körper, jedoch schwerpunktmäßig in den jeweils dafür im Laufe der Evolution spezialisierten Hirnzentren. Es bilden sich dabei kohärente Zustände von Quanteninformation. Deren Träger sind auch als elektromagnetische Schwingungen – also als gemeinsam bewegte Photonen – nachweisbar, welche über das Gehirn ausgedehnt sind.

---

[71] Görnitz, T. (2014) „Simplest quantum structures and the foundation of interaction". Rev Theor Sci 2: 289 – 300.

Die Verarbeitung der psychischen Inhalte führt dann u. a. zur Ausschüttung von bestimmten Hormonen und damit zu entsprechenden Rückwirkungen auf den Körper. Verhaltensweisen, welche den körperlichen Zustand subjektiv und momentan verbessern (z. B. Essen von Süßigkeiten) oder welche in Übereinstimmung mit den Werten im Über-Ich stehen, können im „Belohnungszentrum" zur Ausschüttung von sogenannten Glückshormonen führen.

Einen bedeutenden Einfluss auf die Formung des „Über-Ichs" hat in hohem Maße die jeweilige Kultur. Dies äußert sich beispielsweise in Einstellungen zur Gleichberechtigung. Es betrifft aber auch die Einschätzung von Menschen aus Minderheiten, aus anderen Kulturen oder Religionen und von anderem Aussehen. Heute rückt besonders die Bewertung des Umgangs mit der Umwelt und mit den Tieren in den Blick. Dabei spielen die schnellen und oft wirksamen Beeinflussungen über das Internet mit Facebook u. ä. eine große Rolle.

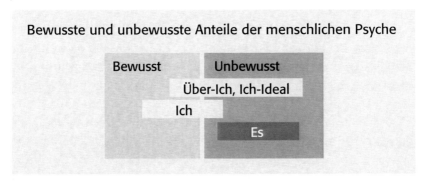

Bewusste und unbewusste Anteile der menschlichen Psyche

Bewusst Unbewusst

Über-Ich, Ich-Ideal

Ich

Es

Abb. 5: Eine schematische Darstellung von Freuds Unterteilung der Psyche

Das Selbst wird schließlich umfassender als das „Ich" verstanden. Es kann auch das „Ich" reflektieren. Damit ist auch eine oft unbewusst bleibende Bewertung des eigenen Selbst verbunden. Der ursprünglich von Carl Gustav Jung geprägte Begriff wird in den verschiedenen Bedeutungszusammenhängen benutzt wie bei der Selbstwahrnehmung oder Selbsterkenntnis. Das sich erlebende Selbst verstehen wir als die

Grundlage und zugleich als umfassende Struktur des Psychischen, es umfasst die Beziehungen im Inneren und nach außen. Es kann sich auch zum Transzendenten hin öffnen.

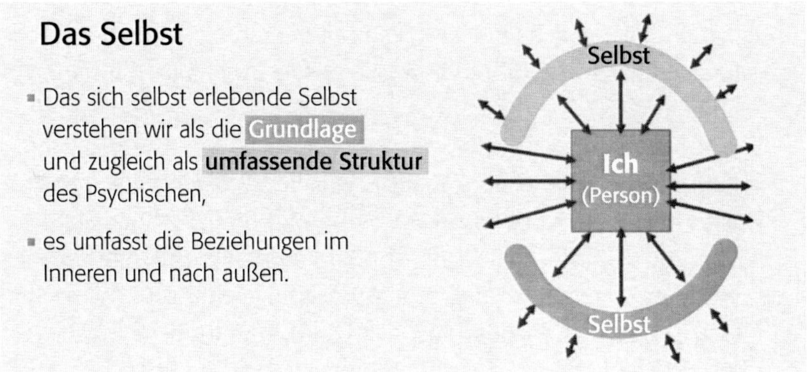

Das Selbst

- Das sich selbst erlebende Selbst verstehen wir als die Grundlage und zugleich als **umfassende Struktur** des Psychischen,

- es umfasst die Beziehungen im Inneren und nach außen.

Abb. 6: Die schematische Struktur des Selbst

Was kann man heute aus einer naturwissenschaftlichen Sicht über die Psyche sagen? Wir hatten darauf verwiesen, dass alle Vorgänge innerhalb von Lebewesen durch den Austausch von Photonen bewirkt werden. Da diese Lichtteilchen aus den AQIs aufgebaut sind, haben sie im Lebendigen eine Doppelfunktion. Sie sind Träger von Information, die bedeutungsvoll werden kann und die als Eigenschaften der Photonen erscheinen, z.B. der Ort ihrer Herkunft, ihre Frequenz und ihre Polarisation. Andererseits wirken die Photonen als Energie für chemische Prozesse.

Alle Lebewesen, Einzeller, Pflanzen, Pilze und Tiere, nehmen Informationen aus ihrem Körper und aus der Umwelt auf und verarbeiten diese in einer intelligenten Weise. Durch diese Informationsverarbeitung wird Information bewertet und erhält damit eine Bedeutung. Eine „falsche" oder „nichtintelligente" Bedeutungs-Zuordnung wird ein schnelles Ausscheiden des betreffenden Lebewesens aus dem Prozess der Evolution zur Folge haben. Somit haben alle Lebewesen Empfindungen und Wahrnehmungen. Tiere, welche ihren Ort leicht wechseln können, haben auch ein Erleben und im evolutionären Prozess entwickeln sich bei ihnen immer differenziertere Gefühle. Allerdings gibt es zwischen diesen Erscheinungen, welche durch diese Begriffe gefasst werden sollen, keine scharfen Trennungen.

Abb. 7: Die Beziehungen zwischen Wahrnehmen und Einwirken bei Lebewesen.

Entstehen von Bewusstsein

Für das Entstehen von Bewusstsein ist ein hochentwickeltes Gehirn notwendig. Während die Existenz von Bewusstsein bei Säugern und Vögeln nicht zu bezweifeln ist und vielleicht bei allen Wirbeltieren vorhanden ist, wird dies bei manchen Mollusken, z. B. Kraken, schwieriger. Wahrscheinlich kann bei Nematoden und erst recht bei Pflanzen, Pilzen und Einzellern kein Bewusstsein vermutet werden. Aber natürlich haben sie ein intelligentes Verhalten.

Die Träger der aktiven Psyche, d. h. des Vor- und Unbewussten und des Bewusstseins, sind Photonen. Für eine Verarbeitung und eine Speicherung von Information, also für ein Gedächtnis, sind materielle Informationsträger notwendig. Das sind besonders spezialisierte Moleküle in den anatomischen Strukturen des Nervensystems. Zwischen den Nervenzellen erfolgt die Informationsübermittlung durch reale und virtuelle Photonen. Im EEG lassen sich die realen Photonen an der Kopfhaut nachweisen. Für das Gedächtnis sind die Synapsen-Strukturen an den Axonen und Dendriten sowie die erwähnten molekularen Speicher innerhalb der Nervenzellen notwendig.

Während es bereits seit längerem offensichtlich ist, dass die Photosynthese ohne das quantische Wirken von Photonen innerhalb der Pflanzenzelle unerklärbar bleibt, war die Akzeptanz des Wirkens von Photonen im Körper und speziell im Gehirn bisher sehr gering gewesen. Neue Untersuchungen zeigen nun, dass durch ein Anästhetikum die Verschränkung von miteinander verschränkten Photonen aufgehoben wird und dann Bewusstlosigkeit eintritt.[72] Des Weiteren zeigt sich in sehr genauen Experimenten die Erzeugung sogar von sichtbaren Photonen in Körperzellen[73] und auch im Gehirn. Heute kann man mit Photonen aus dem infraroten Spektrum nichtinvasiv die physiologischen Verarbeitungszustände im Gehirn beobachten.[74]

Uniware als Voraussetzung für Bewusstsein

Bewusstsein ist immer mit Erleben verbunden und dieses untrennbar mit einem lebendigen Körper. Die lebenslang unauflösliche Einheit von Leib und Seele, von Körper und Psyche, bezeichnen wir als Uniware. Jeder Denkvorgang verändert die Struktur des Gehirns und natürlich verändern materielle Einwirkungen, z. B. durch Alkohol oder Drogen, die Denkvorgänge. Die Psychosomatik befasst sich mit den als Erkrankung zu verstehenden Einflüssen aus der Psyche auf das körperliche Geschehen. Jedermann sind die Einwirkungen vom Körper auf den

---

[72] Burdick, RK, Villabona-Monsalve, JP, Mashour, GA, Goodson, T (2019) Modern Anesthetic ethers Demonstrate Quantum interactions with entangled photons, Scientific reports 9 (1), 1-9
Popp, F. A. (1986) On the coherence of ultraweak photon emmission from living systems. In C W Kilmister (Ed.) Disequilibrium and Self-Organization, Reidel, Dordrecht, pp. 207 – 230.

[73] F. A. Popp, J. J. Chang, A. Herzog, Z. Yan und Y. Yan: Evidence of non-classical (squeezed) light in biological systems. Physics Letters. A, 293 (2002), S. 98 – 102.

[74] Scholkmann, F (2019) Neurophotonics: The role of light in investigating and understanding brain function. The Science of Consciousness, Congress Center Interlaken, Interlaken, Switzerland, 25 – 28 June (invited plenary talk).

Zustand der Psyche, z. B. bei Schmerzen, bekannt. Wenn man bedenkt, dass der Körper mit seinen materiellen Bestandteilen sowie die Photonen, welche alle Prozesse in ihm geschehen lassen, und auch die unbewussten und die bewussten Anteile der Psyche allesamt Erscheinungen der AQIs in verschiedener Gestalt sind, dann wird ihre gegenseitige Beeinflussung verstehbar. Der gemeinsame Aufbau von Materie, Energie und bedeutungsvoller Information aus den AQIs legt den Begriff der „Uniware" nahe. Im Lebendigen besteht eine Einheit von Materie, Energie und bedeutungsvoller Information, also von dem, was in der Technik als „Hard- und Software" unterschieden wird. Bedeutungsvolle Information, z. B. die aktive Psyche, kann bereitgestellte gespeicherte Energie auslösen. Energie kann auf Materie verändernd einwirken. Materie wiederum kann bedeutungsvolle Information über längere Zeit bewahren. Daher ist Gedächtnis an das Vorhandensein von Ruhmasse gebunden (Moleküle und anatomische Strukturen).

Solange man lebt, geschieht die Informationsverarbeitung in allen Bereichen des Körpers. Die Informationsverarbeitung, die auch psychosomatisch erkennbar wird, erfolgt auf der Basis des elektromagnetischen Geschehens, also von realen und virtuellen Photonen in allen Körperzellen, in allen Organen. Bewusstsein jedoch ist an das Gehirn gebunden. Die einigende Struktur, die das psychosomatische Geschehen kennzeichnet, ist die Information. Durch sie kann man verstehen, dass Einflüsse aus dem Sozialen, damit dem Familiären und Gesellschaftlichen, sowie aus dem emotionalen und körperlichen Zustand oft unbewusst und natürlich auch aus dem Bewussten zusammenwirken.

Diese Einflüsse sind von dem Pränatalen über die frühe Kindheit bis ins Alter vorhanden. Nicht nur beim Lernen – dort aber besonders nachvollziehbar – wirkt die Information bis in die neuronalen Netze und Moleküle hinein und führt zur Speicherung im Gedächtnis. Mit der Protyposis wurde erklärbar, wie bedeutungsvolle Quanteninformation auf das Gehirn wirken kann. Damit können wir die am Kapitelanfang gestellt Frage beantworten: Das lebendige menschliche Bewusstsein mit seinen Gedanken ist Quanteninformation, die sich selbst erleben und kennen kann.

Im Strom des Bewusstseins werden verschiedene psychische Inhalte zu einer Einheit zusammengefasst, welche in den verschiedenen neuronalen Netzen unbewusst vorbereitet werden. Der Stoffwechsel sorgt dafür, dass immer wieder ATP (Adenosintriphosphat) bereitgestellt wird. Dieser Energielieferant der Zellen ermöglicht die ständige Wechselwirkung zwischen Photonen und Molekülen. Dabei werden die psychischen Inhalte immer wieder auf neue Photonen übertragen und teilweise in dieser Verarbeitung auch umcodiert. Dabei ist eine Synchronisation, also ein Abgleich von Frequenzen zu bemerken, welche von verschiedenen Hirnarealen ausgehen, wenn diese sich mit den gleichen psychischen Gegebenheiten unter verschiedenen Gesichtspunkten befassen. Dabei werden die Informationen aus der aktuellen Wahrnehmung mit Gedächtnisinhalten und Emotionen verbunden. Dass das Bewusstsein dabei wie ein einziger kohärenter Zustand erscheint, wurde früher als „Bindungsproblem" bezeichnet.

Üblicherweise ist ein Wechsel der Gedanken zu bemerken, in der Meditation kann man üben, diesen Wechsel zu verlangsamen oder sogar ohne konkrete Gedanken lediglich wahrzunehmen.

Die Uniware lässt verstehbar werden, dass der Gesamtzustand des Menschen mit Bewusstsein und Körper sowohl bottom-up, also aus dem Körper, als auch top-down, also aus dem Bewusstsein selbst, beeinflusst und verändert wird. So beeinflussen positive und negative Vorstellungen und Bewertungen im Bewusstsein mit den damit verbundenen Gefühlen und Affekten den Zustand des Körpers. Einflüsse aus dem Körper wie Hunger und Durst verändern das Denken. Medikamente können gezielt in die psychischen Prozesse eingreifen, aber natürlich wirken auch Alkohol und andere Drogen. Andererseits können Einflüsse aus der Psyche beispielsweise die Ausschüttung körpereigener Opiate bewirken und so Schmerzen erträglich werden lassen.

Wie dargestellt erklärt die Protyposis die objektiven Bedingungen für die Existenz von Bewusstsein. Zugleich folgt aus der Quantentheorie die objektive Tatsache der nicht auflösbaren Subjektivität der jeweiligen individuellen Bewusstseinsinhalte! Letzteres folgt aus der naturwissenschaftlichen Unmöglichkeit, den aktuellen Zustand eines unbekannten

Quantensystems genau kennen zu können. Nur wenn der aktuelle Zustand bereits bekannt ist, kann eine überprüfende Kenntnisnahme so organisiert werden, dass dadurch der Zustand nicht verändert wird. Den eigenen und damit selbst erzeugten Quantenzustand kann man kennen.

Mit der Quantentheorie kann die in der Psyche empirisch in der Reflexion wahrnehmbare Einheit von erster und dritter Person erklärt werden. Die Erste-Person-Perspektive ist die Einheit von meinem subjektiven Empfinden und meinen bewussten Gedanken. Wenn das Bewusstsein sehr umfangreich wird – beim Menschen etwa mit 18 Monaten – kann ein Teil davon das Ganze reflektierend betrachten – so als ob dieser Teil zu einer dritten Person gehören würde.

Das Bewusstsein in der Kommunikation

Auch in der Psyche werden Möglichkeiten zu Fakten. In Gesprächen, Therapien und in der Seelsorge werden durch Fragen, Deutungen oder Feststellungen (in der Sprache der Physik durch Messungen) Möglichkeitsbereiche verändert. Damit werden nicht nur Bewertungen verändert, sondern auch ganzkörperliche Empfindungen und Gefühle.

In bestimmten Zusammenhängen (hier in sprachlichen) werden Teile zu Ganzheiten. Hier ein Beispiel dafür, dass von Muttersprachlern die Worte im Ganzen erfasst werden. Bei einem schnellen Überfliegen kann man den Text gut erfassen.

Luat eeinr Sutdie an eenir eegichlnsn Uätnseirivt ist es eagl, in wechelr Roiegfnlehe die Btbshucean in eeinm Wrot snid. Das eiizng Whgictie ist, dsas der etrse und der ltteze Bbhautcse am riecghitn Pltaz snid. Der Rset knan tatol dienraeuchndr sien, und man knan es imemr ncoh onhe Polbmree lseen.[75]

Die Wahrnehmung der Worte als Ganzheiten ohne Rücksicht auf ihre möglichen Teile ist ein wichtiger Hinweis für das Verstehen der quantischen Grundlagen der psychischen Vorgänge. Meditation lässt den Gesichtspunkt der Ganzheit noch deutlicher werden.

---

[75] Hier der Text ohne die verwürfelten Buchstaben: Laut einer Studie an einer englischen Universität ist es egal, in welcher Reihenfolge die Buchstaben in einem Wort sind. Das einzig Wichtige ist, dass der erste und der letzte Buchstabe am richtigen Platz sind. Der Rest kann total durcheinander sein, und man kann es immer noch ohne Probleme lesen.

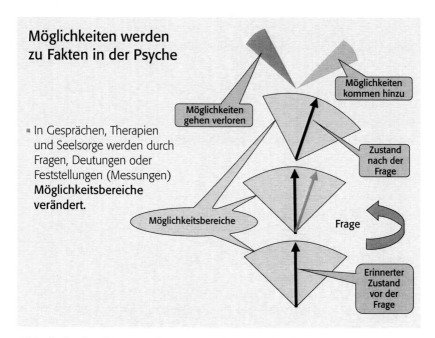

Abb. 8: In der Kommunikation werden Möglichkeiten zu Fakten

Nichtbiologische künstliche Intelligenz

Ein kurzer Blick soll noch auf die wachsende künstliche Informationsverarbeitung (KI) geworfen werden. Dazu kann man feststellen: Es gibt künstliche Intelligenz, jedoch kein künstliches nichtbiologisches Bewusstsein.

Nur im Biologischen gibt es die Uniware, nur dort besteht die Einheit von Körper und Psyche. Diese Einheit ist eine notwendige Voraussetzung für die Entwicklung von Bewusstsein! Diese Erkenntnis bleibt auch dann gültig, wenn durch algorithmische Prozesse solche komplexen Strukturen entstehen, dass deren konkrete Struktur den menschlichen Erbauern nicht mehr nachvollziehbar ist.

Intelligente Informationsverarbeitung ermöglicht geringeren Einsatz von Energie. Bereits im Alltag ist ein „Wegstoßen" aufwendiger und natürlich sozial nicht akzeptiert – im Gegensatz zu der Frage: „Können Sie bitte Platz machen".

Ähnliches gilt auch für KI (Künstliche Intelligenz). Gute Sensoren und intelligente Informationsverarbeitung ermöglichen z. B. bessere Verkehrs- oder Wärmesteuerung, eine genauere Mülltrennung usw.

Zum Fazit unserer naturwissenschaftlichen Betrachtungen:
Wenn wir diese noch einmal überdenken, so ergibt sich: Das Sein erweist sich als die Momentaufnahme des Werdens.

In Bezug auf das Leben sehen wir: Bedeutungsvolle Information ist im Lebendigen ein gleichberechtigter Wirkfaktor neben Materie und Energie!

Die Zukunft ist nicht determiniert, sie lässt einen gewissen Raum für Freiheit im Denken und Handeln. Durch die Wahl von geeigneten Rahmenbedingungen können wir die Wahrscheinlichkeiten für Erwünschtes verbessern.

Als weitere Konsequenz sehen wir in der Evolution: „Der Kampf ums Dasein", um knappe Ressourcen ist nur die eine Hälfte der Evolution, gleichwertig sind Symbiogenese und andere Formen von Zusammenwirken! Zwischen allen Lebensformen bestehen Beziehungsstrukturen. Das höher entwickelte Bewusstsein des Menschen bedingt seine höhere Verantwortung!

Bewusstsein hat Freiheit zur Folge –
Freiheit bedingt Verantwortung!
Bewusstsein ist die Stufe der Evolution, die es unter anderem ermöglicht, Handlungsoptionen theoretisch zu überprüfen. Dann muss nicht jeder Fehler in der Realität durchgeprobt werden.

Was heute ... notwendig ist, ist ein Mehr an Verstehen der natürlichen Zusammenhänge. Nur damit wird es möglich, unökologisches Verhalten weitgehend zu vermeiden.[76] Die häufige Gleichsetzung von Wohlstand allein mit dem Verbrauch materieller Ressourcen ist bei

---

[76] Görnitz, T. (2018) Der Alte würfelt doch!: Von Quanten-Irrtümern zur Neuen Physik und zum Bewusstsein. DAS NEUE DENKEN. München, S. 255.

einer so riesigen Weltbevölkerung wie heute nicht mehr akzeptabel.[77] Materie und Energie können weder erzeugt noch vernichtet werden. Da für die bedeutungsoffene Information im Kosmos und erst recht für bedeutungsvolle Information auf der Erde keinerlei Erhaltungssätze gelten, kann sie im Prinzip beliebig vermehrt werden. Die Naturwissenschaft gibt damit Hinweise, dass der Verbrauch materieller Werte teilweise durch den von geistigen Werten abgelöst werden kann und sollte.[78]

Das Bewusstsein des Menschen konfrontiert ihn allerdings auch mit der Sinnfrage. Die Naturwissenschaft kann nicht begründen, weshalb Etwas ist und nicht Nichts. Sie kann keine Aussagen darüber machen, welchen Sinn das Ganze hat. Erst die Existenz des Seins ermöglicht das empirisch Prüfbare und das in der Natur gefundene Gesetzliche. Die Naturgesetze sind nicht als Erstes in die Welt gesetzt, sondern wir finden sie in der vorhandenen Natur durch Beobachtung und Experiment sowie durch Abstraktion, durch eine Vernachlässigung von jeweils Unwesentlichem. Die Sinnfrage führt zur Notwendigkeit, über Naturwissenschaft hinauszugehen!

Transzendenzerfahrungen

Immer wieder gibt es Erfahrungen von Individuen, die nahelegen, dass die Realität nicht auf das empirisch Prüfbare und das Gesetzmäßige eingeschränkt werden kann.

Wir dürfen noch einmal daran erinnern: Naturgesetze werden gefunden, indem manches als unwesentlich deklariert und dann ignoriert wird. Dadurch wird Vielheit erzeugt. Für Einzelfälle ist die Idee einer Regel absurd! Nur in dem Maße, indem ein Ereignis oder eine Situation Ähnlichkeiten oder eine Gleichheit mit anderen Ereignissen oder Situationen besitzt, kann sie unter eine Regel oder ein Gesetz fallen.

Wenn wir unsere Erfahrungen über die Welt reflektieren, so finden wir eine Vielfalt von eigentlich Unmöglichem.

---

[77] a. o. O., S. 270.
[78] a. o. O., S. 270.

„Eigentlich Unmögliches"

Die gesamte Evolution kann verstanden werden als das Realwerden von etwas, das zuvor als etwas Unmögliches erscheinen musste:

Leben ist eigentlich unmöglich, denn dass ein instabiles System längere Zeit stabil bleibt, ist sehr unwahrscheinlich.

Bewusstsein ist eigentlich unmöglich, denn dass eine nichtmaterielle Quanteninformation etwas Materielles steuert, ist sehr unwahrscheinlich.

Religion ist eigentlich unmöglich, denn dass es Wesentliches gibt, das der wissenschaftlichen Empirie unzugänglich ist, ist sehr unwahrscheinlich.

Die Dichter haben immer wieder versucht, etwas in Worte zu fassen, was im Grunde genommen die sprachlichen und damit die faktischen Darstellungen übersteigt. Immerhin wird in der modernen Naturwissenschaft durch die Quantentheorie das reale Wirken von bloßen Möglichkeiten erfasst. Lyrik ist am ehesten geeignet, eigentlich Unsagbares in Worte zu fassen.

Nichts ist drinnen, nichts ist draußen:
denn was innen, das ist außen.
So ergreifet ohne Säumnis
Heilig öffentlich Geheimnis!
Goethe, Epirrhema

Die Quantentheorie verdeutlicht auch die komplexe Struktur der Zeit. In isolierten Quantensystemen gibt es keine Fakten. Abgeschlossene Quantensysteme verbleiben in einer andauernden Gegenwart.

Wenn wir an die Einsicht von Augustinus denken, dass es in der Ewigkeit kein „Früher" oder „Später" gibt, dann zeigt eine solche ausgedehnte Gegenwart Merkmale der Ewigkeit.

Rationales Bewusstsein versus Meditation und Mystik

Das rationale Bewusstsein ist zerlegend, es schafft Fakten und ist damit fähig zum Denken mit klassischer Logik. In der Meditation und im mystischen Erleben wird die Psyche durch den Verzicht auf faktisches Schließen offen für die quantischen Möglichkeiten der Wirklichkeit. Daraus folgt natürlich auch, dass eine mystische Schau nur in Metaphern vermittelt werden kann. Jeder Versuch, die Fülle der quantischen Möglichkeiten in ein gesprochenes Faktum zu pressen, führt notwendig zu einem Teilverlust des Erfahrenen.

Wir möchten schließen mit einer vielleicht unerwarteten naturwissenschaftlichen Folgerung: So wie kein Atom unseres Leibes nach unserem Tod aus dem Kosmos verloren geht, so auch kein Quantenbit unserer Psyche (auf Deutsch: Seele)

Allerdings wird die während des Lebens nicht auflösbare Verbindung zwischen Psyche und Körper aufgehoben.

3. Umwelt und nachhaltige Erdpolitik

3.1 Wege zu einer Erdpolitik, Auftrag und Gefahr im Zeitalter des Menschen (Anthropozän)

Ernst Ulrich von Weizsäcker

Zusammenfassung: *In seinem Buch „Wir sind dran" schlägt v. Weizsäcker vor, auf eine neue Aufklärung zuzugehen. Die alte Aufklärung entstammt noch der „leeren Welt", als es wenige Menschen und eine unermesslich erscheinende Natur gab. Die neue Aufklärung muss dem Utilitarismus, der Erkenntnistheorie und der Politik eine neue Richtung geben, die sich für die „volle Welt" eignet. Aus der Quantenphysik kann die neue Aufklärung die Komplementarität übernehmen. Gegensatzpaare schließen einander nicht aus, sondern verlangen „Balance". Die Politik muss sich vom Nationen- und Rassenegoismus zu einer solidarische Erdpolitik fortentwickeln.*

Zur Person: *Prof. Dr. Dr. h.c. mult. Ernst Ulrich von Weizsäcker, Dipl. Phys., Dr. rer. nat. (Zoologie), war Ko-Vorsitzender des International Resource Panel und ist Ko-Präsident des Club of Rome. Zuvor war er Biologio-Professor in Essen, Universitätspräsident in Kassel, Direktor bei der UNO in New York, Gründungspräsident des Wuppertal-Instituts und MdB (SPD), Erstautor von Faktor Fünf (2010, Droemer Knaur) und Wir sind dran (2017). Träger des Großen Bundesverdienstkreuzes (2009) und des Deutschen Umweltpreises (2008).*

1. Leere Welt – Volle Welt

Bis etwa 1950 lebte die Menschheit nach Herman Daly[79] in der „Leeren Welt". Die Zahl der Menschen lag bei 2 ½ Milliarden, Urwälder und Meere waren noch weitgehend intakt. Süßwasser und Mineralien

---

[79] Herman Daly. 2015. Economics for a Full World. Essay for the Great Transition Initiative. Boston. Tellus Institute + Scientific American.

standen schier unerschöpflich zur Verfügung. Und die Verschmutzung blieb auf die Industriezonen beschränkt. Die Abbildung von Steffen et al[80] zeigt die Dynamik:

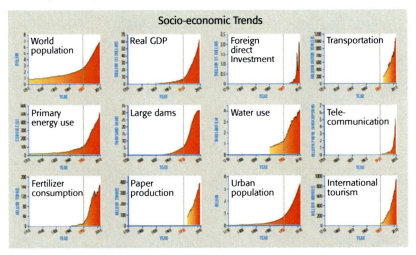

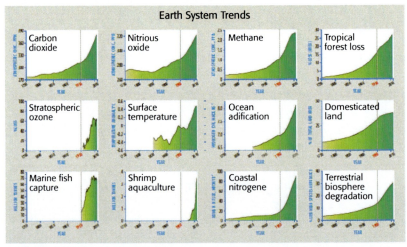

Nach 1950 (graue vertikale Linie) setzte ein rasantes Wirtschaftswachstum ein.

[80] Will Steffen, Paul. J. Crutzen, John R. McNeill. 2007. The Anthropocene: Are Humans Now Overwhelming the Great Forces of Nature?, in: Ambio 36, 614 – 621, 2007.

Die Bilder oben zeigen steile Anstiege von Wirtschaftsparametern. Die grünen Kurven zeigen die Reaktionen der Natur im gleichen Zeitraum. Der Beginn des „Anthropozän."

Völlig zu Recht sagt der frühere Weltbankökonom Herman Daly, dass das Leben in der Vollen Welt ein ganz anderes Denken erfordert, als es in der Leeren Welt noch gut und rechtens war. Wer in der leeren Welt mehr Fisch haben wollte, brauchte bloß mehr Angeln oder Netze und mehr Fischer, und das Ergebnis war klar. In der Vollen Welt hingegen ist die allerwichtigste Aufgabe, wenn man mehr Fisch haben will, die Einrichtung und Durchsetzung von Meeresschutzgebieten mit zumindest zeitweiligen Fischfangverboten.

Das rasante Auftreten des Anthropozäns, seine zerstörerischen Eigenschaften sowie die Forderung nach einer neuen Aufklärung gehören zu den zentralen Aussagen des neuen großen Club of Rome Berichtes mit dem englischen Titel Come On![81] Die Religionen der Welt, die ökonomischen Doktrinen und der übliche „gesunde Menschenverstand" stammen allesamt aus der Zeit der Leeren Welt. Sie müssen aber für die Realität der Vollen Welt radikal aktualisiert werden.

2. Die „alte" Aufklärung, ihre Fehler und ihre Wiederentdeckung

Aus der Leeren Welt stammt auch die „alte" Aufklärung. Sie überwand viele Fesseln und Herrschaftsverhältnisse des Mittelalters in Europa. Die „Entdeckung" Amerikas, der Fall Konstantinopels, die Renaissance und dann die Reformation wirkten wie Wecksignale. Schrittweise erodierte die zuvor stabile Fürsten- und Kirchen-Macht. Leonardo, Luther, Descartes, Erasmus, Spinoza, Francis Bacon waren geistige Titanen und veränderten das Denken.

---

[81] Ernst Ulrich von Weizsäcker and Anders Wijkman. 2018. Come On! Capitalism, Short-termism, Population and the Destruction of the Planet. Springer: New York and Heidelberg. Deutsche Fassung: Wir sind dran. Was wir ändern müssen, wenn wir bleiben wollen. Gütersloher Verlagshaus, 2018. Ein bedeutender Teil dieses Aufsatzes ist Teil 2 dieser deutschen Fassung entnommen.

Im Gefolge dieser Titanen wurde das Denken, auch das politische, immer unabhängiger, aufmüpfiger und wissenschaftlicher. Das war die Zeit der europäischen Aufklärung. Herausragende Figuren waren John Locke, Montesquieu, David Hume, Immanuel Kant, Jean-Jacques Rousseau, Voltaire, Adam Smith, G.W. Leibniz und Isaac Newton. Gemeinsam haben sie einen revolutionären Wandel der europäischen Zivilisation verursacht und geschaffen. Eine wichtige politische Leistung war die Trennung des Staates von der Kirche. Der aufgeklärte Staat, anders als die damaligen Kirchen, sah das freie Denken und Handeln der Bürger als eine große Hoffnung. Es war auch die Ermutigung für wissenschaftliches Streben, technischen Erfindungsreichtum und unternehmerischen Gründergeist. Das 18. Jahrhundert sah eine explosive Entwicklung von Wissenschaft und Technik. Antoine de Lavoisier und James Watt gehörten zu den ersten, aber nach ihnen führte eine Lawine technologischer Innovationen zur Industriellen Revolution.

Der Aufklärung wird auch die Befreiung des menschlichen Individuums aus dem erstickenden Druck der Kirchen und des absolutistischen Staates im 17. und 18. Jahrhundert zugerechnet. Jedoch führte der neue Individualismus seinerseits zum allmählichen Verfall früherer Gemeinschaften und deren politischen Vorteilen. Die auf gemeinschaftlicher Nutzung fußenden Allmenden waren das Fundament des früheren Wohlstands. Aber parallel zum wachsenden privaten Reichtum und mit der neuen Wertschätzung der individuellen Errungenschaften wurden sie erodiert und oft zerstört.

Für Zivilisationen außerhalb Europas waren die Effekte viel schlimmer. Europäische Armeen, Kolonisten und Missionare hatten bereits im 16. und 17. Jahrhundert einen Großteil der Welt erobert und besiedelt. Die industrielle Revolution machte Europa, vor allem das britische Empire, im Wesentlichen unbesiegbar. Was jedoch noch schlimmer ist: Die europäische Dominanz wurde von einer Ideologie des Rechts des Stärkeren begleitet, das die Unterwerfung und Ausrottung von Völkern, sowie die Zerstörung vieler alternativer Traditionen und Kulturen weltweit rechtfertigte, die seit Tausenden von Jahren existierten. Peter Sloterdijk geht so weit, den Schrecken der europäischen Vormachtstellung und der missionarischen Kriege den monotheistischen Religionen zuzuordnen und sie mit dem islamischen „heiligen Krieg" gleichzusetzen.[82] Es wäre jedenfalls eine große Verfälschung, die europäische Aufklärung als den großen zivilisatorischen Fortschritt schlechthin zu bezeichnen. Nicht nur aus Asien und aus den von Europa unterjochten Kolonien gibt es immer wieder Kritiken an der Aufklärung selber.

Neuerdings gibt es allerdings, ausgehend vornehmlich aus den USA, eine Wiederentdeckung der guten Seiten der alten Aufklärung, vielleicht am eloquentesten durch den Harvard-Professor Steven Pinker[83]. Er ist wie viele Amerikaner schockiert von der politischen Machtübernahme eines Präsidenten, der die erwiesene Wahrheit je nach Opportunität ignoriert, mit Fake News verschmiert oder ausnahmsweise auch mal anerkennt. Demgegenüber ist die Neuausrufung von Rationalismus, Freiheit, wissenschaftlicher Wahrheitssuche nur zu legitim und verständlich. Hierzu gehörte auch der Marsch für die Wissenschaft im April 2017, dem sich mehr als eine Million Menschen anschlossen, hauptsächlich als Protest gegen Präsident Trump.

3. Die päpstliche Enzyklika Laudato Sí

Papst Franziskus machte Schlagzeilen, als er im Juni 2015 eine Enzyklika mit dem Titel Laudato Sí[84] veröffentlichte, in dem er die zunehmende Zerstörung unseres „Gemeinsamen Hauses", des Planeten Erde zur Sprache brachte. Kritisch nannte er als Beispiele Umweltvergiftung, Verschwendung, Wegwerfkultur, globale Erwärmung und die verheerende Zerstörung der Biodiversität.

Der Papst ging in beträchtliche Details und beschrieb die Tatsachen und die Dynamik der Umweltzerstörung, bevor er eine neue Einstellung zur Natur forderte. In Absatz 76 erklärte er: „Die Natur wird gewöhn-

---

[82] Peter Sloterdijk, 2007, Gottes Eifer. Vom Kampf der drei Monotheismen. Berlin: Verlag der Weltreligionen im Insel Verlag.

[83] Steven Pinker. 2018. Enlightenment Now. The Case for Reason, Science, Humanism, and Progress. New York: Random House. Deutsch: Aufklärung jetzt. Für Vernunft, Wissenschaft, Humanismus und Fortschritt. Eine Verteidigung. S. Fischer Verlag, Frankfurt am Main 2018.

[84] Papst Franziskus. 2015. Laudato Sí. Über die Sorge für das Gemeinsame Haus. Leipzig: St. Benno Verlag.

lich als ein System verstanden, das man analysiert, versteht und handhabt, doch die Schöpfung kann nur als ein Geschenk begriffen werden …" Die Botschaft war, dass die Menschheit eine Haltung der Bescheidenheit und des Respekts annehmen müsse, anstatt der Arroganz und Macht.

Laudato Sí nennt als zentrales Problem die kurzfristige Wirtschaftslogik, die die wahren Kosten ihrer langfristigen Schäden für Natur und Gesellschaft ignoriert. Wörtlich schreibt der Papst: „Die Märkte, die davon unmittelbar profitieren, regen die Nachfrage immer noch mehr an. Wenn jemand die Erdenbewohner von außen beobachten würde, würde er sich über ein solches Verhalten wundern, das bisweilen selbstmörderisch erscheint". (Absatz 55) Und später schreibt er: „Wenn der Mensch sich selbst ins Zentrum stellt, gibt er am Ende seinen durch die Umstände bedingten Vorteilen absoluten Vorrang, und alles Übrige wird relativ". (Absatz 122) Schließlich geißelt er den Relativismus derer, die sagen: „Lassen wir die unsichtbare Hand des Marktes die Wirtschaft regulieren, da ihre Auswirkungen auf die Gesellschaft und auf die Natur ein unvermeidbarer Schaden sind." (Absatz 123)

Die Botschaft dieser historischen Enzyklika ist klar: Die Menschheit ist auf einer selbstmörderischen Bahn, es sei denn, dass einige starke Regeln der Begrenzung akzeptiert werden, die die kurzfristigen utilitaristischen Handlungen unseres ökonomischen Paradigmas einschränken.

Papst Franziskus steht keineswegs allein mit seiner religiös begründeten Umweltethik. Der Ökumenische Rat der Kirchen (ÖRK), zu dem die meisten christlichen Konfessionen (außer der katholischen) gehören, hatte schon dreißig Jahre früher sehr ähnliche Warnungen angesprochen. Im März 1990 wurde auf dieser Basis eine Konvokation über Gerechtigkeit, Frieden und die Bewahrung der Schöpfung in Seoul, Korea abgehalten.

Weniger bekannt in westlichen Kreisen, doch von ähnlicher Klarheit in der Sprache, ist die Islamische Erklärung zum Globalen Klimawandel 2015, die besagt: „Die Zeit, in der wir leben, wurde zunehmend geologisch als Anthropozän beschrieben. Unsere Spezies, obwohl sie als Verwalter (khalifah) der Erde ausgewählt wurde, war die Ursache für solche Verwüstung, so dass wir Gefahr laufen, das Leben zu beenden, wie wir es bisher auf unserem Planeten kannten."[85] Im Islam gab es auch sehr frühe Aufklärer, allen voran Avicenna/Ibn Sina (ca. 980 – 1037) und Averroës/Ibn Rušd (1126 – 1198). Beide waren brillante Naturwissenschaftler und Ärzte, und für beide waren die besten Köpfe des antiken Griechenlands, insbesondere Aristoteles, Leitsterne des klaren Denkens.

Der Richter Christopher Gregory Weeramantry[86], ehemaliger Vizepräsident des Internationalen Gerichtshofes, fasste Schlüsseltexte über die Verantwortung der Menschheit gegenüber der Natur, den anderen Lebensformen und allen künftigen Generationen zusammen, wie sie in den Schriften von fünf großen Weltreligionen zu finden sind. In seiner Einleitung schreibt er, es sei sicherlich paradox, dass die jüngste Generation der seit 150 000 Jahren bestehenden Menschheit die Weisheit der 150 Jahrtausende, wie sie in den gemeinsamen Kernlehren der großen Religionen der Welt verankert ist, ignoriert. Weeramantry schlägt vor, Grundsätze der großen Religionen ins Völkerrecht zu integrieren, um die gegenwärtigen Krisen der Menschheit richtig zu beheben.

Man darf jedoch nicht verschweigen, dass einige Religionen, einschließlich des Judentums und des Christentums Aussagen enthalten, die die Herrschaft des Menschen rechtfertigen und zu menschlicher Nachlässigkeit gegenüber der Natur führen können. Das berühmte *dominium terrae* (Genesis 1:28) wird oft als Beispiel dafür verwendet. Es lautet (verkürzt): „Seid fruchtbar und mehret euch; füllt die Erde und macht sie euch untertan und herrscht über die Fische im Meer und über die Vögel unter dem Himmel und über alles Getier, das auf Erden kriecht."

Die Ursprünge der großen Religionen liegen natürlich alle in der leeren Welt, als die Natur endlos aussah und die Menschen von Hunger, wilden Tieren, unbekannten Krankheiten und benachbarten Stämmen bedroht wurden. Dennoch verstanden die weisen Ältesten in den Gemeinden die Notwendigkeit von Langfristdenken, zumal der Vorsorge

---

[85] http://islamicclimatedeclaration.org/islamic-declaration-on-global-climate-change/.
[86] Christopher.G, Weeramantry. 2009 Tread Lightly on the Earth: Religion, the Environment and the Human Future. Pannipitiya [Sri Lanka]: Stamford Lake.

von Nahrungsmitteln für den Winter oder schlechtes Wetter, die Planung von Expeditionen und die Schaffung eines Rechtsrahmens für das Funktionieren der Gemeinschaft. Die Ältesten (oder Priester) konnten die für die Menschen unerreichbaren Götter als Auftraggeber für die Langfristperspektive einschließlich der Ewigkeit in Anspruch nehmen.

4. Eine wirklich neue Aufklärung, zentriert um das Balance-Prinzip

Der Club of Rome Bericht bleibt bei der Aufarbeitung der Religionsgeschichte nicht stehen und geht schließlich so weit, eine neue Aufklärung zu fordern. Natürlich wird im Sinne von Steven Pinker die Tugend der alten Aufklärung gewürdigt. Aber diese Art Rationalismus kann eben auch gute nachhaltige Traditionen und Werte überwältigen, die nicht auf den kurzfristigen Utilitarismus beschränkt sind.

Die neue Aufklärung, die „Aufklärung 2.0", kann natürlich in der heutigen Welt nicht europazentriert sein. Sie muss sich auch an den großartigen Traditionen anderer Zivilisationen orientieren. Um hier in Kürze zwei sehr unterschiedliche Beispiele zu nennen:

Die Hopi-Tradition in Nordamerika blieb im Wesentlichen für 3 000 Jahre stabil und nachhaltig. Die Hopis sind eine der ältesten lebenden Kulturen in der dokumentierten Geschichte, mit nachhaltiger Landwirtschaft, stabiler Bevölkerung, ohne Kriege, und Baumeister erstaunlicher Steinstrukturen. Sie wären unter jeder Definition von Nachhaltigkeit unter den Meistern. Ihre Religion fußt auf dem Konzept der Balance, zwischen Wasser und Licht, Sommer und Winter, Humor und Ernsthaftigkeit.[87]

Auch in den meisten asiatischen Traditionen[88] spielt die Balance eine zentrale Rolle, – im Gegensatz zur Dogmatik monotheistischer Religionen, in denen nur eine Seite richtig sein kann. Yin und Yang sind Symbole von ausgewogenem Kontrast. Alle Dinge, sagt die aus vorchristlicher chinesischer Kultur stammende Yin und Yang-Philo-

---

[87] http://hopi.org/wp-content/uploads/2009/12/ABOUT-THE-HOPI-2.pdf]
[88] Randall L. Nadeau. 2014. Asian Religions. A cultural perspective. Wiley Blackwell.

sophie, existieren als untrennbare, polar sich ergänzende, konträre Gegensätze, zum Beispiel weiblich-männlich, dunkel-hell und alt-jung. Die Gegensätze ziehen sich an und ergänzen sich gegenseitig und, wie ihr Symbol *Yin und Yang* veranschaulicht, hat jede Seite in ihrem Kern ein Element des anderen (dargestellt durch die kleinen Punkte).[89] Unsere moderne Welt wäre närrisch, die Weisheit der wirklich nachhaltigen Stämme und des Prinzips der Balance nicht zu nutzen.

Das Symbol des Yin und Yang

5. Anschluss an die Naturwissenschaft

Die Weisheit der Synergien zwischen Kontrasten kann auch dazu beitragen, die Defizite der analytischen Philosophie der Wissenschaft zu überwinden, also Raum für eine zukunftsorientierte Philosophie zu schaffen. Natürlich müssen technische und wissenschaftliche Messungen weiterhin korrekt durchgeführt werden. Tatsachen bleiben Tatsachen. Doch die moderne Physik hat gezeigt, dass die genaue Messung eines Merkmals die Messbarkeit ihres kontrastierenden (komplementären) Merkmals zerstören kann. Das ist der Kern der Heisenbergschen Unschärferelation[90], die besagt, dass der Impuls und die Position eines Teilchens nicht gleichzeitig mit unbegrenzter Genauigkeit gemessen werden können. Die physikalische Grundlage dieser erstaunlichen Tat-

---

[89] Aus: Mark Cartwright. 2012. Yin and Yang. Definition. Ancient History Encyclopedia.
[90] Z. B. Werner Heisenberg. 1930. The Physical Principles of the Quantum Theory. Chicago: University of Chicago Press. Ders.: Der Teil und da Ganze. Gespräche im Umkreis der Atomphysik. Münster: Piper, 1969.

sache liegt darin, dass das Teilchen auch Welleneigenschaften aufweist, welche mit den Wellen (z. B. Lichtwellen) des Messinstruments interferieren. Auch Partikeleigenschaften und Welleneigenschaften sind gegenseitig „komplementär".

Komplementarität kann ein Türöffner sein, um Parallelen zwischen der modernen Physik und der östlichen Weisheit sowie den Religionen wahrzunehmen. In seinem Bestseller The Tao of Physics[91] zeigte Frithjof Capra, dass Buddhismus, Hinduismus und Taoismus die Macht hatten, mit unerklärlichen Realitäten umzugehen, welche die Menschen Mystik nennen würden. Capra behauptet am Ende seines Buches, dass „Wissenschaft keine Mystik und Mystik keine Wissenschaft braucht, doch der Mensch benötigt beide".

6. Beispiele für Balance

Komplementarität und Balance, sowie die Weisheit der Synergien zwischen Kontrasten sollten Meilensteine auf dem Weg zu einer Neuen Aufklärung sein. Sicherlich gibt es mehr philosophische Schritte zur Überwindung der Defizite der analytischen Philosophie, der Selbstsucht, des Individualismus, der Kurzzeitobsession und anderer Züge, die von Papst Franziskus als zerstörerisch für unser gemeinsames Haus erwähnt wurden. Ich halte aber eine Reihe von Beispielen jetzt für nützlich, wo das Prinzip der Balance segensreich sein kann. Dem Ziel dient die nachstehende Aufzählung.

Wichtig scheint auf jeden Fall die Balance

– zwischen Mensch und Natur: In der „Leeren Welt" war die Balance einfach da. In der „vollen Welt" dagegen wird sie zu einer riesigen Herausforderung. Die verbliebenen Landschaften, Gewässer und Mineralien einfach als Ressourcen für eine immer noch wachsende Bevölkerung und die Erfüllung immer weiterwachsender Konsumwünsche anzusehen, ist nicht Balance, sondern Zerstörung!

---

[91] Deutsch: Frithjof Capra. 1977. Das Tao der Physik München: O.W.Barth Verlag.

– zwischen kurzfristig und langfristig: Natürlich wollen Menschen, wenn sie Durst haben, jetzt etwas trinken und nicht erst langfristig. Vierteljährliche Finanzberichte machen Sinn für Management und Aktionäre. Aber man braucht unbedingt ein Gegengewicht der Langfristigkeit, etwa für die Stabilisierung des Klimas, der Böden, der Biodiversität. Die langfristige Ethik kann natürlich auch durch kurzfristige Anreize unterstützt werden;

– zwischen Geschwindigkeit und Stabilität: Technischer und kultureller Fortschritt profitiert vom Wettrennen um zeitliche Priorität. Geschwindigkeit zählt bei wissenschaftlichen Karrieren und bei Unternehmen. Wir wissen, dass disruptive Innovationen heute ganz „geil" sind. Aber die Geschwindigkeit selbst kann ein Horror für die Langsamen sein, für die meisten älteren Menschen, für Babys und für Dorfgemeinschaften. Was schlimmer ist, ist, dass die Geschwindigkeitssucht die nachhaltigen Strukturen, Gewohnheiten und Kulturen zu zerstören droht, die uns tragen, überleben lassen und uns ein Mindestmaß an Stabilität erhalten;

– zwischen Privat und Öffentlich: Die Entdeckung der menschlichen Werte des Individualismus, des Privateigentums, des Schutzes gegen staatliches Eindringen gehörten zu den wertvollsten Errungenschaften der europäischen Aufklärung. Aber heute sehen wir die öffentlichen Güter viel stärker gefährdet als Privatgüter. Wir sehen die Gefahren für die Almende, die öffentlichen Infrastrukturen, das System der finanziellen Gerechtigkeit und den Rechtsstaat. Beim internationalen Wettbewerb um niedrige Steuern werden die öffentlichen Güter vernachlässigt und unterfinanziert. Der Staat (öffentlich) sollte die Regeln für den Markt (privat) schaffen, nicht umgekehrt;

– zwischen Frauen und Männern: Viele Frühkulturen entwickelten sich durch Kriege, in welchen Frauen hauptsächlich mit der Betreuung der Familie und die Männer mit der Verteidigung (oder dem Angriff) betraut waren. Dieses Modell ist schon sehr früh veraltet

gewesen. Riane Eisler hat archäologische Einblicke in Kulturen eröffnet, die in Modellen der Partnerschaft, ohne Dominanz von Frauen
oder Männern gedeihen[92]. Sie kritisiert, dass auch der konventionelle
(männlich dominierte) „Wohlstand der Nationen" fast eine Karikatur
des realen Wohlbefindens sei. Eine wirkliche Partnerschaft führt
auch zu einem ganz anderen „Wohlstand der Nationen";[93]

– zwischen Gleichheit und Leistungsanreiz: Gesellschaften werden
  schläfrig, wenn völlige Gleichheit garantiert ist und es keinen Leistungsanreiz gibt. Umgekehrt kann ein extremer Leistungsanreiz die
  tüchtigsten so reich werden lassen, dass es den Massen jämmerlich
  schlecht geht. Eine gesunde Gesellschaft, durchaus eine Leistungs-
  gesellschaft, braucht ein öffentlich garantiertes System von Gleichheit und Gerechtigkeit. Ungleichheit ist nach Wilkinson und Pickett[94]
  mit vielen sehr unerwünschten sozialen Parametern korreliert, wie
  schlechter Bildung, hoher Kriminalität, Säuglingssterblichkeit;

– zwischen Staat und Religion: Es war eine große Errungenschaft der
  europäischen Aufklärung, die Öffentlichkeit von der religiösen Füh-
  rung zu trennen und die religiösen Werte und Gemeinschaften zu
  respektieren. Das muss ausgewogen gehalten werden. Religionen,
  die den öffentlichen Sektor dominieren, sind in Gefahr, die großartige
  zivilisatorische Leistung des Rechtsstaates zu ruinieren. Die Dominanz der Religion neigt dazu intolerant gegenüber Personen zu sein,
  die außerhalb der religiösen Gemeinschaft existieren. Auf der anderen Seite neigen Staaten, die gegen religiöse Gemeinschaften intolerant sind, dazu, den Kontakt mit ethischen (und langfristigen) Be-
  dürfnissen zu verlieren.

---

[92] Riane Eisler. 1993. Kelch und Schwert: von der Herrschaft zur Partnerschaft. Weibliches und
männliches Prinzip in der Geschichte. München: Goldmann.
[93] Riane Eisler. 2007. The Real Wealth of Nations: Creating a Caring Economics. San Francisco.
[94] Richard Wilkinson und Kate Pickett. 2012. Gleichheit ist Glück. Warum gerechte Gesellschaften
für alle besser sind. Hamburg: Tolkemitt.

7. Schlussbemerkung

Eine Aufklärung darf nie statisch sein. Sie muss immer auch eine Aufforderung zum Weiterdenken, zum Mitmachen, zum Mitgestalten sein. Die Forderung nach einer neuen Aufklärung basiert auf der Sorge, dass der Rationalismus und Utilitarismus der alten Aufklärung in der Vollen Welt zerstörerische Kräfte entfalten kann. Diejenigen Personen und Kulturen (insbesondere indigene Kulturen), die diese Zerstörung am schmerzlichsten erfahren, müssen dringend eingeladen sein, sich an der Formulierung, Entwicklung und Durchsetzung der neuen Aufklärung zu beteiligen.

Der in Fußnote 75 genannte neue Club of Rome-Bericht „Wir sind dran" gibt den größeren Rahmen für diesen Begründungszusammenhang. Er beginnt mit zwölf Kapiteln, die die erschreckende Nicht-Nachhaltigkeit der heutigen Welt dokumentieren. Aber nach der dann folgenden Einführung in die Gedanken zu einer neuen Aufklärung kommt der Bericht in seinem dritten Teil mit lauter praktischen und politischen Beispielen und Forderungen, die man schon jetzt bewundern und/oder befolgen kann. Denn wir dürfen nicht so naiv sein, erst eine titanische Anstrengung in Richtung einer neuen Aufklärung zu fordern und dann „Däumchen drehen" bis die Aufklärung die ganze Welt erfasst hat. Nein, man muss zweifellos schon heute handeln, um auch der Vollen Welt einen Weg zur Nachhaltigkeit zu ebnen. Die Gedanken zur Balance und zur Aufklärung können hierbei allerdings eine sehr hilfreiche Richtungsorientierung leisten.

3.2 „Gaias Vermächtnis. Plädoyer für eine Umsetzung der integralen Weltsicht"

Hans-Rudolf Zulliger im Gespräch mit Arno Lohmann

Zusammenfassung: *Zulligers neues Buch „Gaias Vermächtnis" erscheint Anfang September 2018 – ein Plädoyer für eine „integrale Weltsicht", dass die Welt wie ein lebendiges Organ ist, das nur in seiner Ganzheitlichkeit Leben in der heutigen Form ermöglicht. Leben zu erhalten bedeutet deshalb, nicht nur Bio-Nachhaltigkeit, sondern auch soziale Gerechtigkeit und ökonomische Verantwortung zu leben. Denn eine integrale Weltsicht verlangt nach dem Bewusstsein, dass alles, was die oder der Einzelne tut, alles Leben beeinflusst – heute und für alle zukünftigen Generationen.*

Zu den Personen: *Arno Lohmann ist Pfarrer i.R., von Jan. 2009 bis März 2020 Leiter der Evangelischen Stadtakademie Bochum. Zu seinen Programmlinien gehörte schwerpunktmäßig die Reihe „Öko-Späre – Perspektiven für eine neue Politik des Lebens", in der auch das hier dokumentierte Symposium stattfand. www.stadtakademie.de/ veranstaltungsreihen/details.html?rid=4*

Mit Dr. Hans-Rudolf Zulliger verbindet ihn eine langjährige freundschaftliche Zusammenarbeit in den Themenbereichen für eine nachhaltige Zukunft für alle und in der Friedensinitiative „Beyond War e.V.".

Dr. Hans-Rudolf Zulliger ist Nuklear-Physiker, war in verschiedenen Managementfunktionen in Hightech-Unternehmen in den USA und der Schweiz tätig und sieben Jahre lang Präsident der CORE (COmmission Recherche Energetique), die den Schweizer Bundesrat in Fragen der Energieforschung berät. Nachhaltigkeit steht im Fokus seiner Tätigkeiten. Gründung Stiftung Drittes Millennium, um eine nachhaltige und lebenswerte Zukunft für alle zu ermöglichen. Bis 2008 Vorsitzender des Supervisory Board des World Future Council, Mitglied im Beirat bis 2010. Am 4. September 2018 erscheint von ihm: Gaias Vermächtnis – Plädoyer für eine integrale Weltsicht.

1. Arno Lohmann: *Wie können wir den Wandel zu einer gerechteren und ökologischen Welt schaffen? Das eindrückliche Buch von Harald Lesch und Klaus Kamphausen „Die Menschheit schafft sich ab, die Erde im Griff des Anthropozän" belegt auf 500 Seiten, dass wir Menschen unseren Planeten so stark belasten, dass ein Kollaps des Ökosystems nur eine Frage der Zeit ist. Gleichzeitig weitet sich die Einkommensschere stetig aus, so dass die mangelnde soziale Gerechtigkeit zu weiteren schweren Konflikten, ja Kriegen führen wird. Obwohl wir wissen, was zu tun wäre, um diese Probleme in den Griff zu bekommen, findet die dringend notwendige Wende nicht statt. Die Frage stellte sich also: Wie kann man die Menschen überreden in ihr eigenes Überleben einzuwilligen?*

Hans-Rudolf Zulliger: Bis jetzt haben weder die genialen technischen Innovationen eine Umkehr bewirkt, noch haben eine genügend große Anzahl Menschen freiwillig ihren Konsum reduziert. Zudem führen Hiobsbotschaften über die systematische Zerstörung der Umwelt und der Flüchtlingsströme zu einer Abwehrhaltung. Man mag die Horrorszenarien nicht mehr hören. Wenn wir jedoch ehrlich sind, glauben nur Wenige, dass wir die notwendige Wende schnell genug schaffen. Uns fehlen die Dringlichkeit und die Einsicht, dass jede und jeder von uns gefordert ist, seinen Fußabdruck substantiell zu reduzieren und mehr Mitgefühl zu zeigen.

Aber woher kommt die Motivation für diese Wende? In meiner langjährigen Tätigkeit Nachhaltigkeit zu vermitteln, bin ich zur Erkenntnis gelangt, dass rationale Argumente nicht genügen, denn wir Menschen entscheiden primär emotional. Das heißt, dass ein Wandel nicht gelingen wird, ohne eine tiefe Wertschätzung allen Lebens innerlich zu spüren. Um dies zu begründen erlaube ich mir, Sie durch ein Gedankenexperiment zu führen:

119

Meine Damen und Herren, ich gratuliere Ihnen, dass Sie heute Abend hier sind. Dies nicht nur, weil ich hoffe, dass Sie das Thema interessiert, sondern dass es Sie gibt. Sie sind der lebendige Beweis einer häufig unterschätzten Entwicklung von Leben auf Erden über fast vier Milliarden Jahre. Es gibt meines Erachtens außer Sternenstaub nichts Nachhaltigeres als Leben auf unserer Erde. Also herzlichen Dank für Ihr Kommen.

Doch eigentlich müssten wir unseren Eltern danken, denn sie sind für unsere Existenz verantwortlich. Davor natürlich noch unsere Großeltern, Urgroßeltern und immer weiter zurück. Unsere Vorfahren haben zum größten Teil unter Seuchen, Kriegen, Hungersnöten und Naturkatastrophen gelitten und trotzdem Leben weitergegeben. Ihnen gebührt Hochachtung und inniger Dank.

Dabei spinne ich den Gedanken fort, bis sich vor mehr als 200 Tausend Jahren der Homo sapiens entwickelte. Wir springen noch weiter zurück, zu einem mit uns eng verwandten Vorfahren, des Eomaia scansoria, ein kleines mausähnliches Wirbeltier, das den Dinosauriern entronnen ist und den Meteoriteneinschlag vor 65 Millionen Jahren überlebte. Dann weiter zurück zu den ersten Pflanzen vor rund 450 Millionen Jahren, den Tieren vor 600 Millionen Jahren, bis zum Beginn des Lebens, vielleicht schon vor 3,9 Milliarden Jahren. Ohne diese Entwicklung gäbe es uns nicht.

Wir wissen sehr viel, aber noch nicht wie Leben entstanden ist. Ich gestehe, ich weiß auch nicht, weshalb das Universum entstanden ist und ich werde es auch nie wissen. Nichtwissen zu gestehen, führt zu Bescheidenheit und diese führt zu Dankbarkeit. Wir verdanken unser Leben all dem was vor uns war, wir staunen, wie das alles entstehen konnte. Dabei scheint Leben besonders wertvoll zu sein, denn die Schöpfung ist dem Leben im Allgemeinen wohlgesinnt, auch wenn es für ein Individuum schlimm verlaufen kann.

In religiösen Worten: Gott liebt alles Leben. Als eines dieser Lebewesen schöpfe ich daraus Hoffnung und fühle mich privilegiert. Erfüllt mit Ehrfurcht und Dankbarkeit darf ich eine kurze Zeitspanne am Leben teilnehmen.

Wer den Weg zu dieser Einsicht findet und diese verinnerlicht, baut sich die Grundlage zu einem Leben in Nachhaltigkeit mit Hoffnung für eine lebenswerte Zukunft. Um Leben zu erhalten, brauchen wir Menschen dringend einen grundsätzlichen Wandel unseres Lebensstils. Somit gilt, wie Professor Raymond William es formulierte: Wirklich radikal zu sein, heißt Hoffnung zu ermöglichen, anstatt Verzweiflung glaubwürdig zu machen.

2. A. L.: *Doch wie kann man Hoffnung verbreiten, angesichts der vielen scheinbar unüberwindbaren schrecklichen Ereignisse?*

H. Z.: Echte Nachhaltigkeit heißt, von der Schönheit der Schöpfung ergriffen zu sein, mit offenem Mund zu staunen. Aber auch die Schattenseiten wahrzunehmen, die ebenso dazu gehören. Zum Leben gehört auch Leiden, es ist der Antriebsmotor für Wandel und als Kontrast auch die Wertschätzung des Schönen. Nur durch diese Polarität lernen wir die Einmaligkeit alles Lebens auf der Erde zu schätzen.

Ich fasse zusammen: Ehrfurcht und Dankbarkeit vor der Schöpfung gibt mir ein Urvertrauen und die Hoffnung, dass es sich lohnt, den notwendigen Wandel für eine würdige Zukunft für uns alle tatkräftig anzupacken. Dies vorzuleben und zu vermitteln, ist die unabdingbare Aufgabe der ganzen Nachhaltigkeitsbewegung. Dies ist keineswegs nur eine intellektuelle Erkenntnis, denn regelmäßige Stille und Besinnung ist notwendig, um uns im Innersten bewegt zu fühlen.

3. A. L.: *Soviel ich weiß, warst Du während Deines Berufslebens immer mit Innovation beschäftigt, weshalb misst Du technischen Lösungen nicht mehr Bedeutung zu?*

H. Z.: Schon als Kind war ich von Erfindungen begeistert und bin es heute noch. Doch wenn ich auf technische Entwicklungen zurückschaue, sind diese oft primär wirtschaftlich motiviert und nur wenige Innovationen lösen insgesamt gesehen die Umweltprobleme. Die erfolgreichsten Innovationen sind diejenigen, die den Komfort erhöhen.

Zum Beispiel der Siegeszug des Automobils, des Airconditioning, des Fernsehers und der Mobiltelefone, mit denen man viel Geld verdienen kann. Damit steigt jedoch der Verbrauch von Rohstoffen ungehindert an. Man kann wohl den Energieverbrauch der Geräte senken, doch durch den Reboundeffekt (Rückschlageffekt) ist selbst diese Maßnahme beschränkt wirksam. Der Verbrauch nimmt fast überall schneller zu als die Bevölkerung. Innovation wird von der Politik als Wundermittel breit gefördert. Ich plädiere jedoch viel wählerischer mit Unterstützungsgeldern umzugehen und diese gezielt auf echten ökologischen Nutzen ausrichten. Die weitaus wichtigere, aber auch anspruchsvollere Maßnahme ist, den Ressourcenverbrauch durch weniger Konsum zu senken. Dazu müssen wir jedoch unser Verhalten näher unter die Lupe nehmen und uns mit unserer Weltsicht beschäftigen.

4. A. L.: *Was ist denn eigentlich Weltsicht?*

H. Z.: Unsere persönliche Weltsicht bestimmt unsere Meinung darüber, wie die Welt funktioniert. Eine Weltsicht ist wie ein Haus, das auf Fels gebaut ist: Sie ist eine spezielle Form von Überzeugung, die in hohem Masse von teilweisen unbewussten Wertvorstellungen getragen wird und sich nur schwer durch neue Einsichten und Erfahrungen korrigieren lässt. Viele von uns wissen nicht einmal, dass ihrem Denken eine Weltsicht zugrunde liegt, geschweige denn, dass sie fähig wären, diese zu formulieren oder zu ändern.

Man kann die Weltsicht mit einem schwimmenden Eisberg vergleichen, dessen größte Masse unterhalb der Wasserlinie liegt. Das heißt, dass etwa 90% unserer Entscheide unbewusst ablaufen und nur etwa 10% uns rational zugänglich sind. Das ist auch gut so, denn wer hat schon Zeit, sich jede Handlung immer wieder grundsätzlich neu zu überlegen. Da aber auch unsere zukünftige Entwicklung vorwiegend von unserer Weitsicht abhängt, ist es unabdingbar, dass wir uns mit der Entstehung und der Entwicklung unserer Weltsicht auseinandersetzen. Sie entsteht durch unser genetisches Material, sowie allen Erfahrungen und Eindrücken, die wir durch unser Leben ansammeln. Wir funktionieren ähnlich wie ein Computer, der mit Programmen und Apps geladen wird. Da sich unsere Lebensweise durch viele Innovationen immer schneller und schneller verändert, ist es dringend notwendig, auch unsere Weltsicht viel rasanter den neuen Umständen anzupassen.

5. A. L.: *Kannst Du beschreiben, wie denn eine neue nachhaltige Weltsicht aussieht?*

H. Z.: Hier stütze ich mich auf die Evolutionsgeschichte, die moderne Wissenschaft sowie auf die überlieferten Weisheiten von Religionen und Philosophien.

Die Biologin Lynn Margulis und der Atmosphärenchemiker James Lovelook stipulierten, dass sich die Erde wie ein lebendiges Organ verhält und benutzten als Namenspatin die griechische Erdgöttin Gaia, eine Muttergottheit die alles hegt und pflegt. Ihr werden mystische Fähigkeiten zugeschrieben, da sie aus dem früheren Chaos auf der Erde Ordnung geschafft hat. Die Gaia-Hypothese beruht auf der Annahme, dass durch Selbstorganisation und enges Zusammenwirken von Lebewesen mit der Atmosphäre, dem Wasser und der Erde Vorgänge entstehen, die weder rein geologischer noch chemischer, noch biochemischer Natur sind. Margulis und Lovelock nannten sie „geophysiologische" Prozesse, denn sie sind sowohl von den klimatischen und lebenserhaltenden Bedingungen als auch von den Lebewesen, wie uns Menschen, selbst abhängig. Von den letzteren ist zum Beispiel die Atmosphäre maßgeblich mitgestaltet.

So wurde neulich eine enge Kollaboration zwischen zwei Mikroben auf dem Meeresgrund entdeckt, die sich vor 600 – 800 Millionen Jahren entwickelt hat, die maßgebend an der Entstehung von Meerestieren beteiligt war.

Es handelt sich um die sogenannte Prochlorococcus-Pelagibactor Verbindung. Die Prochlorococcus-Mikrobe ist eine Abart der Cyanobakterie, ein Photosynthetisierer, der aus blauem Licht Energie gewinnt und Kohlenstoff abgibt. Letzterer ist jedoch Nahrung für die Pelagibactor, deren Abfall wiederum Nahrung für die Prochlorococcus erzeugt.

123

Ein weiteres Abfallprodukt dieser Zusammenarbeit ist Sauerstoff, der ins Wasser gelangt und Leben von Meerestieren ermöglicht hat, also ein geophysiologischer Prozess, der wiederum neues Leben ermöglicht.

Der Planet Erde wird somit als eine Art Lebewesen verstanden, als sei er ein Organismus. Was sich banal anhört, hat jedoch revolutionäre Konsequenzen. Alles ist mit allem verbunden, jeder Teil ist von jedem anderen abhängig. Die Erde besteht somit nicht nur aus Einzelteilen, sondern ist ein Ganzes. Wir sind eine Welt. Wir sind eins, ein Geist mit dem ganzen Universum – das ist unsere primäre Identität. Doch viele von uns sehen nur ihr persönliches Umfeld, das sie für sich optimieren. Ganz nach dem Slogan: Amerika First. Die Tragödie ist jedoch, dass eine integrale Weltsicht im Grunde altes Menschheitswissen ist, das wir über Jahrhunderte ignoriert haben. Es stammt aus der östlichen Weisheitslehre, dem Taoismus und dem Buddhismus.

Mein Plädoyer ist es, diese integrale Weltsicht für eine nachhaltige Zukunft zu entwickeln. Folgende drei Maßnahmen sind notwendig, um eine integrale Weltsicht zu erlangen:

1. Wissen aneignen
2. Dialog
3. Stille

Lernen, wie die Welt funktioniert. Die Naturwissenschaften haben enorme Fortschritte gemacht. Dabei denke ich an die Klimaforschung, Evolutionslehre, aber auch Verhaltensforschung oder Gehirnforschung. Statt schon im frühen Alter Kinder mit neuen Technologien zu konfrontieren, sollten junge Leute erforschen, wie die Welt funktioniert und wie wir Leben erhalten können. Kurz – zu lernen, wie wir miteinander und mit der Um- und Mitwelt für eine lebenswerte Zukunft umgehen müssen.

Doch dieses Wissen kann man nur anwenden, wenn man gelernt hat, diese notwendigen Neuerungen auch in der Praxis umzusetzen. Meine bevorzugte Methode ist, mit andern durch Dialog zu lernen, machbare praktische Maßnahmen zu testen, um zum Beispiel mit weniger Energie auszukommen, Abfall zu vermeiden und sich selbst kennen lernen. Ich spreche von der Reduktion des ökologischen Fußabdrucks, aber auch davon zu lernen, Konflikte gewaltfrei zu lösen oder Vorurteile und Diskriminierung abzubauen.

Es gilt also eine integrale Weltsicht zu entwickeln, die alles Leben einschließt, nicht nur den Menschen, denn wir sind biologisch durch unsere DNA mit allem Leben verwandt und die Natur ist unsere Lebensgrundlage. Diese Erkenntnis erlangen wir durch Wissen, Dialog und durch regelmäßige und wiederkehrende Zeiten der Kontemplation, Stille, Ruhe oder Meditation. Übrigens lernen schon Kinder in östlichen Kulturen, die Kraft der Stille zu mobilisieren, indem sie jeden Morgen eine Weile ruhig und still dasitzen. Durch unsere Erfahrungen, was man konkret tun kann, verstärkt sich automatisch die Zuversicht, dass wir tatsächlich etwas verändern können, und damit die Hoffnung und das positive Denken und Handeln.

Anlässlich einer Mediationswoche fragte ich den weisen Lehrer: „Wie wichtig ist es, den Sinn des Lebens zu ergründen?" Er antwortete: „Es ist gut, sich über den Sinn des Lebens Gedanken zu machen, doch schlussendlich heißt sinnvolles Leben, das zu tun, was notwendig ist, um dem Leben Sorge zu tragen." Wenn das gelingt, finden wir Lebensfreude. Dies ist nicht eine Glaubensfrage, sondern eine Frage der persönlichen Erfahrungen.

6. A. L.: *Eure Stiftung „Drittes Millennium" betreut auch die Wanderausstellung „Schritte durch die Zeit", eine Evolutionsausstellung die durch den deutschsprachigen Raum von Europa reist. Du bist besonders angetan durch die evolutionäre Entwicklung der Symbiose. Was ist denn daran so wichtig?*

H. Z.: Ja, letzten Sommer war diese immer im Freien gezeigte Ausstellung im Außengelände des Botanischen Garten der Universität Linz und vorher schon an etwa 30 anderen Standorten in der Schweiz, Deutschland und Österreich zu sehen. Durch meine Arbeit mit dieser Wanderausstellung „Schritte durch die Zeit", hat mein Verständnis der Evolutionsgeschichte enorm profitiert. Speziell die Signifikanz der Symbiose hat mich mehr und mehr fasziniert, denn zu meiner Schulzeit hat man hauptsächlich vom Darwin'schen Paradigma des Überlebens des Fittesten gesprochen.

Bei Symbiose entwickeln sich anhaltende Beziehungen zwischen unterschiedlichen Organismen. Ein Beispiel davon ist die anfangs erwähnte Symbiose der Prochlorococcus und der Pelagibactor. Diese Zusammenarbeit kann verschiedenste Formen annehmen. Ein weiteres Beispiel ist die Allianz zwischen zwei verschiedenen Bakterien, der Spirochäte und der Trichonympha. Die korkenzieherförmigen Spirochäten bewegen sich äußerst agil in Substanzen mit hoher Viskosität. Sie sind die Rennfahrer der früheren Transportindustrie. Zu Hunderten heften sie sich an die viel größere Trichonympha, ein Fermentierer an und transportieren sie durch den hinteren Darmtrakt von Termiten. Als Gegenleistung erhalten die Spirochäten Nahrung von der Trichonympha, während diese zu ihrer eigenen Futterquelle transportiert wird. Spirochäten besiedeln übrigens auch das menschliche Zahnfleisch.

Eine besonders bemerkenswerte Entwicklung ist die Endosymbiose, in der sich eine Lebensform in mit einer anderen vereint und so eine ganz neue Lebensform entsteht. Flechten zum Beispiel, bestehen aus Algen und Pilzen. Folglich schafft die Natur nicht nur durch Mutationen neue Lebewesen, sondern auch durch Endosymbiose, die radikal und schnell eine faszinierende Artenvielfalt kreiert, welche die Robustheit des Ökosystems maßgeblich stärkt.

Als Manager hat mich diese Entwicklung besonders fasziniert. Wenn die Natur mit Symbiose so erfolgreich ist, könnte dies wohl auch für unser Zusammenleben wichtig sein. Doch wir wissen, dass nicht alle Partnerschaften erfolgreich sind, weder in der Natur, im Geschäftsleben, noch in unserer Gesellschaft. Symbiose schafft jedoch eine ungeheure Artenvielfalt und ermöglicht neue Überlebensstrategien. Erst dann kommt Darwin zum Zuge. Die am besten angepassten Formen werden sich weiterentwickeln, die andern sterben aus oder versuchen ihre Prozesse abzuändern, um dennoch erfolgreich zu werden. Für das langfristige Überleben ist eine große Artenvielfalt in der Natur unverzichtbar, genauso wie für erfolgreiche Organisationen. In verschiedensten Büchern fand ich Hinweise, dass diese Entwicklung auch eine stabilere Wirtschaft ermöglichen kann. Dominante internationale Konzerne, die innovative KMUs aufschlucken oder vom Markt verdrängen, behindern diese Entwicklung. In guten Beziehungen zwischen verschiedensten Partnern einer Firma oder einer Organisation liegt jedoch ein ungeheures Potential für fruchtbare Zusammenarbeit in verschiedensten Formen. Fortschrittliche Firmen pflegen bewusst Partnerschaften mit den Mitarbeitern, den Lieferanten, der Region an ihren Standorten, der Finanzwelt und anderen Firmen. Diese Beziehungen stimulieren eine ungeahnte Kreativität und tragen zur Robustheit und einer enormen Effizienzsteigerungen der Unternehmen bei. Das gleiche gilt auch für alle Organisationen und birgt das Potential für eine neue Form von Politik, in der Zusammenarbeit statt Konfrontation und Polarisation dominiert.

7. A. L.: *Wenn Du den Menschen Ratschläge erteilen müsstest, was würdest Du empfehlen?*

H. Z.: Es scheint mir anmaßend zu sein, generelle Ratschläge zu erteilen. Meine persönliche Entwicklung hat sich jedoch durch die Erkenntnis der Wichtigkeit meiner Weltsicht grundlegend geändert. Durch eine langjährige bewusst gepflegte Dialogkultur (nicht Debatten oder Streitgespräche) in kleinen Gruppen mit interessierten wohlgesinnten Leuten, durfte ich immer wieder neue Seiten von mir kennen lernen. Immer wieder werde ich mit meinen eigenen Vorurteilen und Gewohnheiten konfrontiert, die tief in meiner Vergangenheit entstanden sind.

Die wichtigste Entwicklung begann jedoch erst mit ernsthafter Zen-Meditation. Durch diese Praxis von Ruhe und Stille werden ungeahnte Kräfte freigesetzt und neue Einsichten sind selbst im fortgeschrittenen Alter möglich. Doch jeder und jede ist angehalten seinen/ihren eigenen Weg zu suchen. Allen gemeinsam ist jedoch regelmäßige Ruhe und Stille.

Wenn Sie sich fragen, was kann ich tun, um einen Beitrag an eine positive Entwicklung der Welt zu leisten, und dabei Freude, Zufriedenheit und Dankbarkeit zu erleben, ist ein Engagement wichtig das über dem persönlichen Nutzen steht. Wir werden Dienstleisterinnen und Dienstleister an der Gesellschaft und teilen unsere Errungenschaften mit allen.

8. A. L.: *Abschlussfrage: Können wir oder müssen wir sogar optimistisch sein?*

H. Z.: Leute, die es schaffen, persönliche positive Veränderungen zu bewirken, glauben eher, dass dies auch für andere möglich ist. Anderseits sind Menschen, die sich in ihrer Weltsicht kaum bewegen, häufig sehr kritisch, pessimistisch oder sogar verzweifelt. Wir Menschen sind jedoch mit allen Fähigkeiten ausgestattet, um die kommenden Herausforderungen zu meistern. Doch da wir kaum auf Prognosen reagieren und erst durch schmerzvolle Krisen aktiv werden, können wir den Wandel kaum ohne Leiden schaffen. Steve Hawkens glaubte, dass die Menschheit nur noch 400 Jahre existieren wird, Harald Lesch gibt uns 200 Jahre. Ich wage keine Prognose, doch setzte ich alles dran, einen bescheidenen Beitrag zu leisten, dass Leben ohne allzu große Katastrophen weiter existieren kann. Trotz der Ungewissheit auf Erfolg, ist es die einzige Strategie, die mir ein erfülltes Leben bringen kann.

4. Leib, Sinne sowie Kunst in ihrer Bedeutung für Bewusstseinsentwicklung und -wandel

4.1 Der Leib und seine große Vernunft: Übungen zur Körperwahrnehmung und geistigen Sammlung

Johannes Soth

Zusammenfassung: *In den Übungseinheiten soll die Natur-Ebene (in Körperhaltungen, Sinneswahrnehmungen und Empfindungen) und die geistige Kraft (in Gedankenruhe und gesammeltem Bewusstsein) in ihren wechselseitigen Wirkungen erfahrbar werden. Dabei erweist sich der Atem, der sowohl der körperlichen als auch der geistigen Ebene angehört, als eine tragfähige Brücke auf dem Weg zu einem integralen Bewusstsein.*

Zur Person: *Johannes Soth, Gymnasiallehrer (Kunst und Religion), Zen-Ausbildung durch Professor Michael von Brück, Gründung des Schulfachs K.E.K.S (Körperorientierte Entspannungs- und Konzentrations-Schulung), K.E.K.S-Lehrer/-innen-Ausbildung, Leitung von Meditationsseminaren, Autor, Duisburg.*

Die Polarität und Einheit von Körper und Geist

Wir Menschen sind „Wesen", die zwischen zwei Polen ausgespannt sind: zwischen der erdverbundenen Physis und Körperlichkeit, die sich in jedem von uns in einzigartiger, begrenzter Individualität zeigt, und der offenen Himmelsweite, die für die grenzenlose Universalität des Geistes, für Transzendenz und Ewigkeit steht. Diese polare Spannung können wir nur dadurch aushalten, dass wir sie – mehr oder weniger bewusst – auf irgendeine Weise in unserer seelischen Tiefe und personalen Mitte integrieren. Das biblische Bild der Jakobs-Leiter drückt eindringlich den ständigen Wandlungs- und Integrationsweg aus, der sich immer wieder neu im Auf- und Abstieg zwischen den Polen ereignet. Die Einheit von Körper und Geist realisiert sich als personaler Leib, „der ich bin, im Unterschied zum Körper, den ich (nur) habe." (Karlfried Graf Dürckheim)

In diesem Sinne bezeichnet Paulus den Leib als Tempel des göttlichen Geistes (1. Kor 6,19). Der indische Jesuitenpater Sebastian Painadath bemerkt dazu: „Der Leib ist der erste Ort der Gotteserfahrung. Im Bewusstwerden der eigenen Leiblichkeit geschieht das Erwachen des menschlichen Geistes zum göttlichen Geist. [...] Der Leib ist die zum Bewusstsein verwandelte Gestalt der Erde."[95]

Der Leib als „Ort" der Verwandlung

In der christlich-abendländischen Tradition betont Thomas von Aquin so radikal wie kaum ein anderer die tiefe gegenseitige Durchdringung von Materie und Geist im Menschen. Die geistige Seele durchdringt als formgebende Kraft alle Fasern des Leibes, und umgekehrt ist der Leib so innig mit der Geistseele verwoben, dass er für ihre innere Vollkommenheit unverzichtbar ist. So sind geistige Entwicklung und jeglicher Bewusstseinswandel immer auch leibhaftige Prozesse. Für Thomas ist der menschliche Leib ein „Ort" des Übergangs und der Verwandlung zwischen Welt und Geist.

Der Religionswissenschaftler Ladislaus Boros führt diese Gedanken konsequent weiter. Nach ihm erlaube es die Anschauung des Aquinaten, über die Leib-Seele-Einheit anzunehmen, dass mit dem Menschen die Materie wirklich in Seinseinheit mit dem Geist trat. Erst hierdurch könnten wir die Entwicklung und den eigentlichen Sinn der Evolution ahnen. „Im Menschen konzentrieren sich alle materiellen Energien des Weltalls und stoßen in die Sphäre des Geistes durch. So ist der menschliche Leib der Angelpunkt der Weltentwicklung."[96]

---

[95] Sebastian Painadath SJ, Das Sonnengebet, München 1994, S. 6 u. 8.
[96] Ladislaus Boros, Erlöstes Dasein, Mainz 1972, S. 33f., vorangehendes freies Zitat.

Die Übung des Leibes

Meister Eckhart hebt in seiner berühmten Maria-und-Martha-Predigt (Pr. 86) „den wohlgeübten Leib, der seiner weisen Seele gehorsam ist" als einen unverzichtbaren Eckstein seiner Mystagogik und spirituellen Lebenskunst hervor. Aus diesem Satz darf aber nicht geschlossen werden, dass sich der Leib immer der Seele unterzuordnen hat. In der dominikanischen Tradition gibt es durchaus ein Erfahrungswissen von der sozusagen gleichberechtigten Beziehung und wechselseitigen Beeinflussung von Leib und Geist. In den „Modi orandi Sancti Dominici"[97] sind zum Beispiel diese beiden Schlüsselsätze zu finden:

„Der [menschliche] Geist bedient sich der Glieder des Körpers, um so inniger zu Gott zu gelangen." […] „Denn wo der Geist den Körper in Bewegung setzt, wird er seinerseits vom Körper bewegt (removeretur), bis er in Ekstase gerät […]."

Viele mystagogische Unterweisungen in den unterschiedlichen Weltreligionen legen großen Wert auf die leibliche Einübung des aufrechten Sitzens. Eine stabile und (zwischen Spannung und Entspannung) ausbalancierte äußere Haltung wirkt sich in jedem Fall auf die innere Haltung und die Verfassung des Bewusstseins aus. Die körperlichen Aspekte des Sitzens, die Statik, die „Ordnung der Muskeln, Sehnen und Knochen", die Körperwahrnehmungen mithilfe des Tastsinnes, der Innenschau und des Nach-innen-Lauschens entwickeln sich mehr und mehr zu einem Leibbewusstsein, zur Erfahrung leibhafter, personaler Ganzheit. Empfindungen und Gefühle eines Getrennt-Seins von Körper und Geist lösen sich vollends auf. So ist die leibliche Übung immer schon zugleich auch ein geistliches Exerzitium. Fehlt es einem Menschen an Leiblichkeit [an Leibbewusstsein], dann wird ihm nach Jakob Böhme die eigene ursprüngliche Klarheit unbestimmt und diffus.[98]

---

[97] Codex Rossianus 3, Arles 1330.
[98] Vgl. Jakob Böhme Tr. Vit. 9, 81 u. 87.[1]

Die große Vernunft des Leibes

In „Also sprach Zarathrustra" (15. Kap.) finden wir Nietzsches Worte von der großen Vernunft des Leibes: „Hinter deinen Gedanken und Gefühlen, mein Bruder, steht ein mächtiger Gebieter, ein unbekannter Weiser – der heißt Selbst. In deinem Leibe wohnt er, dein Leib ist er. Es ist mehr Vernunft in deinem Leibe, als in deiner besten Weisheit." Tatsächlich wird durch mystagogische Praxis immer wieder bestätigt, dass es von großem Vorteil ist, den Weg mit der Übung des Leibes zu beginnen. Nichts liegt uns näher, als der eigene Leib – wobei es allerdings eine Ausnahme gibt; denn Gott ist uns im innersten Inneren unseres Seelengrundes näher als wir und selbst nahe sein können.

Die leibliche Übung steht aber nicht nur am vielversprechenden Anfang eines jeden ganzheitsorientierten Weges der Mystik, sondern „Leiblichkeit ist – nach Friedrich Christoph Oetinger – [auch] das Ende der Wege Gottes." Steht nicht schließlich das Wort, der Logos, der Fleisch geworden ist, im Zentrum des christlichen Lebens? Und ist nicht der geistliche Leib (*soma pneumatikon*) die Zielgestalt christlicher Existenz? Jedenfalls wäre der „Aufstieg" im Sinne einer Vergeistigung und Apotheose des Menschen befremdlich ohne die „Herabkunft" und Manifestierung des Geistigen im Leibe. Jeder ernstzunehmende Kontemplationsweg mündet in das Sich-selbst-gewahrwerden des göttlichen Geistes und wird bezeugt in einer Geistesgegenwart, die sich in kraftvoller, leibhaftiger Präsenz bewährt. Außerdem ist Leiblichkeit generell die notwendige Voraussetzung menschlicher Kultur und eines fruchtbaren Handelns und Wirkens in der Gesellschaft.

Eine tiefe Sammlung des Geistes sowie die höheren Ebenen spiritueller/mystischer Verwirklichung sind ohne die erdverbundenen Kräfte des Leibes unerreichbar. In den Texten zu den Versenkungsstufen nach der buddhistischen Tradition wird eindrücklich beschrieben, wie der Schüler auf dem Weg der Geistessammlung mit der aufkommenden glückseligen Freude seinen ganzen Leib durchdringt, dass auch nicht die kleinste Stelle des Körpers undurchdrungen bleibt. Von daher ist auch Erleuchtung keineswegs auf eine abgehobene, rein geistige Erfahrung beschränkt. Vielmehr erwacht der ursprüngliche Geist inmitten des Leibes. Oder anders ausgedrückt: Die eigentliche „Arbeit" eines erwachten Menschen besteht in der Integration und Manifestation des geistigen Lichtes in die alltäglichen Lebensvollzüge und in die grobstoffliche Physis von „Fleisch und Blut".

Das Mysterium des Atems und der Weg zur Kontemplation

Der Atem kann zunächst verstanden werden als eine physische Grundbewegung des Lebens, die im stetigen Wechsel der Auffüllung und Entleerung beider Lungenflügel erfolgt. Aber ebenso kann Atem als ein ganz und gar geistiges Geschehen erlebt werden: Dem Sich-Loslassen und Sich-Hingeben in der Ausatmung folgt immer wieder das Beschenkt-Werden und die Erfahrung der Lebensfülle am Ende der Einatmung. Der Atem ist eine Brücke zwischen Körper und Geist, der beste Helfer bei der leiblich-geistlichen Übung der Kontemplation. Eine Bestätigung dafür ist in der Tatsache zu finden, dass es in vielen Sprachen für Atem und Geist jeweils nur ein Wort gibt.[99] Wie eng Geist und Atem miteinander verbunden sind, kann z.B. in den Übungen des Yoga in vielfältiger Weise unmittelbar erfahren werden. Auch der hl. Augustinus wusste sicherlich davon, als er betete „Atme in mir Hl. Geist, damit ich Heiliges denke!"

Schon wenn wir ein wenig aufmerksam sind, können wir im alltäglichen Leben wahrnehmen, dass unsere Gedanken genau dann unruhig und zerstreut sind in einem Vielerlei ungeordneter Gedankenverkettungen, wenn die Atmung flatterhaft, unregelmäßig und oberflächlich (d.h. zu wenig im Unterbauch gegründet) ist. Beeinflussen wir hingegen bewusst unseren Atem dahingehend, dass dieser gleichmäßiger, tiefer, länger und weicher wird, dann wird sich bald auch der

---

[99] Z.B. das hebräische Wort „ruach", das für Wind, Atem und Geist steht oder das altgriechische pneũma (pneuma), welches ein ähnliches Bedeutungsspektrum von Windhauch, Atem, Geist und Leben aufweist.

Fluss der Gedanken beruhigen und verlangsamen. Der übende Mensch, der sich mit seinem Atem verbündet und zulassen kann, mehr und mehr im großen „göttlichen" Atem[100] aufzugehen, wird seine gesamte Gedankenwelt beherrschen können und „Herr/in im eigenen Haus" werden. Die wichtigste Atemphase ist dabei das „Innehalten nach der Ausatmung", und zwar deshalb, weil diese Atempause mit leeren Lungenräumen bewirkt, dass der Gedankenstrom unterbrochen wird. Diese zunächst sehr kurzen Gedankenpausen sind außerordentlich kostbar. Sie können allmählich ausgeweitet werden. Wenn die Gedankenfluktuationen eine Zeitlang aufhören, sich keine Wellen mehr auf dem „Bewusstseins-See" bilden, erlebt der/die Meditationsschüler(in) eine zutiefst erholsame Ruhe und Klarheit des eigenen Bewusstseins und kann „bis auf den Grund schauen". Da ist nur noch reines Bewusstsein, frei von Gedanken, und eine große Wachheit und Geistesgegenwart. Dies ist der Beginn der gegenstandsfreien Kontemplation.

Die Übungssequenzen und Übungen im Einzelnen

Unter dem Titel „Der Leib und seine große Vernunft I. und II." habe ich im Rahmen des Symposiums „Bewusstseinswandel zu einer integrativen Weltsicht" zwei Übungssequenzen angeleitet, die zu der oben erwähnten Kontemplation und geistigen Sammlung führen können. Einige der Übungen werden mithilfe von Fotos und/oder Anleitungstexten[101] etwas genauer veranschaulicht, andere sind nur mit einer Kurzbeschreibung versehen. Zu einer weiteren Vertiefung aller Übungen verweise ich auf den Praxisteil des Buches „Lernfeld: Persönlichkeit".[102]

---

[100] Gott atmet in mir. Er atmet mich. Sein Ausatem ist mein Einatem und sein Einatem ist mein Ausatem.

[101] Die Fotos und Anleitungen zu den Übungen sind teilweise, mit einigen Veränderungen, entnommen aus: Johannes Soth, Lernfeld: Persönlichkeit, Göttingen 2014. Die in diesem Buch wiedergegebenen Unterrichtserfahrungen mit 10- bis 12-jährigen Kindern im Schulfach K.E.K.S (Körperorientierte Entspannungs- und Konzentrations-Schulung) zeigen, dass fast alle im vorliegenden Aufsatz beschriebenen Übungen schon von Kindern dieser Altersgruppe gewinnbringend praktiziert werden können.

[102] Ebd., III. Anleitung zur Praxis, bes. S. 115 – 178.

Der Leib und seine große Vernunft I.
24. November 2018, 45 Minuten

Der „Frosch"

Diese Kundalini-Yoga-Übung hat in Verbindung mit der sogenannten quadratischen Atmung (= vier gleichmäßige Atemphasen: EIN, Atem anhalten, AUS, Atem anhalten) und der Dehnung der Faszien eine wachmachende und Energie aufbauende Wirkung. Sie dient weiterhin zur Balancierung und Harmonisierung der Polaritäten von Körperrückseite und -vorderseite, rechter und linker Körperhälfte sowie der oberen und unteren Energiezentren des Körpers. Die Finger werden während der gesamten Übung leicht gegen den Boden gedrückt. Aus der Spitzhocke (Position 1) streckt man sich mit der EINatmung und geht in Position 2 über. Während man für ein paar Sekunden in dieser Haltung bleibt, wird der Atem angehalten. Beim erneuten Hinunterkommen in die Spitzhocke erfolgt die AUSatmung. Man verweilt in dieser Haltung und bleibt, solange es angenehm ist, in der Atempause mit leeren Lungen. Mehrere Wiederholungen!

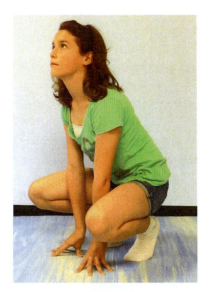
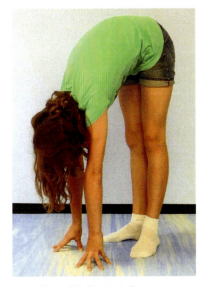

Der „Frosch", Position 1   *Der „Frosch", Position 2*

Das „Kürzel"

ist eine leicht abgewandelte Atem-Bewegungsübung nach Annamaria Wadulla[103] zur Öffnung und Vertiefung der Seelen- und Atemräume. Im Stand (die Füße stehen schulterbreit auf dem Boden) werden beide Arme nach vorne bis zur Schulterhöhe angehoben (dabei: EINatmung), danach zu den Seiten hin ausgebreitet (AUS). Dann sollen die Arme gestreckt bei starker Brustdehnung hinter den Rücken zusammengezogen und die Hände gefaltet werden (EIN), während man die Beine ein wenig anwinkelt und mit dem Becken absinkt. Im Zuge dieser bogenförmigen Rückbeuge wird auch der Kopf (zumindest andeutungsweise) in den Nacken gelegt. Anschließend kommt man wieder in die aufrechte Stellung zurück und beugt den Oberkörper weit nach unten, wobei die Arme so senkrecht wie möglich nach oben gestreckt werden (AUS). Um sich in allen Muskeln des unteren Rückens gut loslassen zu können, ist es hilfreich, die Beine noch stärker anzuwinkeln. Danach richtet man sich wieder zum Stand auf, streckt die Beine (EIN), lässt die Arme sinken, führt die Hände vorne fast zusammen und winkelt die Beine wieder an (AUS). Drei Wiederholungen!

Die „Birke"

ist eine Übung im gemäßigten Grätschstand, aus dem man sich AUSatmend abwechselnd – ohne den Oberkörper zu drehen – nach rechts und links beugt, wobei jeweils das Ohr zur Schulter sinken soll. EINatmend richtet man sich immer wieder zur Mitte hin auf.

Das „Krokodil"

wird mit angehobenen, angewinkelten Beinen aus der Rückenlage geübt. Während die Beine sanft nach rechts abgelegt werden (siehe Abbildung), soll der Kopf träge nach links abrollen (AUS). Die EINatmung erfolgt mit der aufrichtenden Bewegung zur Mitte und geht weich in die AUSatmung über und in das ruhige Ablegen der Beine nach links. Durch die spiralige Drehung der Wirbelsäule werden die wichtigsten Energiekanäle des Körpers aufgeladen.

---

[103] Annamaria Wadulla, Bewusst atmen – besser leben, 5. Auflage, München 1988, S. 91-93.

Das „Krokodil"

Die „Welle" – Spannung und Lösung

Bei dieser Übung wird mit der EINatmung – bei den Füßen beginnend – die gesamte Körpermuskulatur bis zum Kopfbereich angespannt. Nachdem man Atmung und Spannung kurz angehalten hat, werden mit der AUSatmung wieder nacheinander alle Muskeln vom Kopf bis zu den Füßen gelöst. Mehrere Wiederholungen!

Tiefenentspannung in drei Phasen

Schwere-Gefühl und Erfahrung von Erdverbundenheit.

Tiefe Verbindung mit den Atembewegungen der Bauchdecke und des gesamten Bauchraumes. Weich-werden-lassen der Bauchatmung; Verinnerlichung.

Alle Körperbereiche mit Aufmerksamkeit füllen und zu einem einzigen großen Innenraum „verschmelzen" lassen.

Der Leib und seine große Vernunft II.
25. November 2018, 90 Minuten

Der „Frosch" (wie oben)
Das „Kürzel" (wie oben)

Die Seitbeuge

ist eine klassische Yoga-Haltung, die man auch „ausgebreitetes Dreieck" (Utthita Trikonasana) nennt. Durch diese Grundform der Seitbeuge werden Bauch- und Rückenmuskulatur gekräftigt und die Geschmeidigkeit der Wirbelsäule erhöht. Die inneren Organe werden massiert, was zu einer Belebung des gesamten Organismus führt.

Die Seitbeuge

Die Übung schult den Gleichgewichtssinn und fordert zu einer ständigen Neuorientierung heraus. Sie verbessert die Standfestigkeit und -sicherheit und stärkt das Selbstvertrauen.

Ausführung: Im Grätschstand, mit parallel zueinander aufgestellten Füßen, heben wir seitwärts den rechten Arm bis zur Senkrechten an und atmen dabei 4 Zähleinheiten EIN; in der Atempause (4 Einheiten) halten wir den Arm in der Streckung und lassen danach, 8 Einheiten AUSatmend, Oberkörper, Kopf und Arm nach links unten sinken. Mit der linken Hand können wir uns an der Außenseite des linken Beines abstützen. EINatmend (4) richten wir den Oberkörper und den rechten Arm wieder auf; halten danach den Atem an (4) und lassen AUSatmend (8) den Arm sinken. Mehrere Wiederholungen, danach Seitenwechsel!

Die Schulterbrücke

Mit Hilfe der Schulterbrücke lernen wir, unsere Wirbelsäule sehr differenziert zu bewegen und mit höchster Aufmerksamkeit die einzelnen Wirbel wahrzunehmen. Die aufrichtende Rückenmuskulatur, der Beckenboden und die Beine werden gekräftigt, der Nacken und die Leistenbereiche gedehnt.

Wir stellen die Füße hüftbreit auf, legen die Arme parallel zum Rumpf ab und drehen die Handinnenflächen zum Boden.

Die Schulterbrücke

Das „Kürzel" (wie oben)

Der „Katzenbuckel" und der „Pferderücken"

In der „Vierbeiner-Haltung" bilden wir abwechselnd mit unserem Oberkörper einen „Katzenbuckel" (bei der AUSatmung) und einen „Pferderücken" (bei der EINatmung).

Die „Dreifache Ehrfurcht"

Mit dieser Übung stärken wir die aufrichtende Rückenmuskulatur, bauen nervliche und seelische Überspannung ab und verlangsamen den Fluss der Gedanken.

Ausführung: Im Fersensitz, mit gegrätschten Beinen, legen wir die Arme an den Rücken und umgreifen mit der linken Hand den rechten Ellbogen und umgekehrt. Die Schultern ziehen etwas nach hinten, der Brustkorb ist vorgewölbt. Wir atmen EIN und beugen danach mit dem AUSatem den Oberkörper in der Mittellinie nach unten, bis wir mit der Stirn den Boden berühren.

Nach einem kurzen Verweilen in der Atempause richten wir uns im EINatem wieder auf, drehen den Rumpf nach rechts und legen mit dem AUSatem den Oberkörper auf dem rechten Oberschenkel ab, wobei die Stirn wieder auf den Boden kommt. Die nächste Verbeugung erfolgt zur Mitte, die darauf folgende über dem linken Oberschenkel. Mehrere Wiederholungen! Der natürliche Atem-Rhythmus bestimmt und führt die Bewegung. Die Übung endet mit einer Verbeugung zur Mitte und dem Nachspüren im Fersensitz.

Die Demutshaltung

Diese Haltung ermöglicht es uns, Verspannungen im ganzen Körper zu lösen. Unsere Gefühlswelt beruhigt sich und wir können Prana (die Atem-Energie) in unserer Leibesmitte sammeln.

Ausführung: Wir sitzen auf den Fersen. EINatmend strecken wir uns in der Wirbelsäule. Nach der AUSatmung ziehen wir die Bauchdecke etwas ein, beugen uns nach vorn und legen die Stirn auf den Boden. Der Schultergürtel rundet sich. Die Arme ruhen mit den Hand-

Die Demutshaltung

rücken nach unten neben dem Körper. Wir schauen nach innen, lauschen in die Stille und fühlen uns tief in diese Haltung ein. Allen Gefühlen wird Raum gegeben.

Nadi Shodana (die Nasenwechselatmung)

Für diese Pranayama-Übung legen wir den Zeigefinger ein bis zwei Finger breit oberhalb der Nasenwurzel an die Stirn. Die Mittel- und Ringfingerkuppen berühren den Handinnenteller. Der Kopf ist leicht geneigt. Mit dem Daumen verschließen wir das rechte Nasenloch, atmen durch das linke Nasenloch EIN und richten den Kopf zur Normalposition auf. Dann wird mit dem kleinen Finger das linke Nasenloch verschlossen und durch das rechte Nasenloch AUSgeatmet, wobei der Kopf etwas nach unten sinkt. Durch das rechte Nasenloch atmen wir wieder EIN und heben den Kopf an. Anschließend verschließen wir mit dem Daumen das rechte Nasenloch und atmen links AUS, wobei sich wiederum der Kopf neigt. Dann kann mit dem Einatmen durch das linke Nasenloch der nächste Zyklus beginnen.

Die Intensität der Übung kann durch die Vorstellung gesteigert werden, dass beim EINatmen die kühle Atemenergie durch die Nasenwurzel bis in die Mitte des Kopfes eingezogen wird und als warmer Strom von dort aus wieder nach außen fließt. Nadi-Sodhana wirkt ausgleichend auf die beiden Gehirn- und Körperhälften, löst „Gedanken-Lärm" auf und verhilft uns zu einem „klaren Kopf".

Shikantaza

ist eine japanische Wortzusammensetzung, die aus drei kurzen Einzelworten besteht: „shikan" mit der Bedeutung „nur, einzig und allein, nichts als das, was ist, das Absolute; „ta", was soviel heißt wie „treffen, getroffen werden, sich bis ins Herz treffen lassen" und „za", aufhebt, was ein Sitzen in der bewusst erlebten Einheit von Körper und Geist meint; ein Sitzen, bei dem sich die Subjekt-Objekt-Trennung aufhebt. So könnte man shikantaza frei übersetzen mit: Sich im „Nur-Sitzen" vom Pfeil des ursprünglichen Geistes mitten ins Herz treffen lassen.

Shikantaza, das „Nur-Sitzen", ist die einfachste und zugleich schwierigste Kontemplationsmethode überhaupt, denn der Übende hat kein Objekt, an dem er sich noch irgendwie festhalten könnte: Er vollzieht einzig und allein die Handlung des Sitzens, sonst nichts. Die folgenden sieben Anweisungen können dabei helfen, sich in die leibhaft-geistige Haltung des reinen Sitzens einzulassen:

Lotus-Sitz

Richte dich in deiner Wirbelsäule auf! Sitze einfach nur, ohne etwas zu erwarten und ohne dich auf irgendein Objekt auszurichten! Verrichte das Sitzen als eine Handlung, in der du vollständig aufgehst! Sitze im „Geist des Nicht-Beurteilens", bleibe unberührt von den Gedanken und sei „oberhalb" der „Ebene von Denken und Nicht-Denken"! Sitze in der Haltung der Empfänglichkeit! Der Leib findet sein natürliches Gleichgewicht und kommt in Einklang mit dem Ungewordenen. „Da ist nur Sitzen."

Die Bambus-Atmung[104]

Sitzhaltung mit überkreuzten Beinen und aufgerichteter Wirbelsäule; reine Nasenatmung; die Zunge wird ohne Hohlraum gegen den Gaumen gedrückt und die Zungenspitze an die Schneidezähne angelegt. Die Fäuste werden mit innen liegenden Daumen gegen die Knie gedrückt.

1. Stufe: „Auf dem Thron des Daseins sitzen"

AUS: In drei Schüben mit fast geschlossenen Lippen durch den Mund „unter den Atemhorizont"[105] atmen; dabei das Zwerchfell paradoxerweise nach unten drücken! EIN: Den Atem durch die Nase natürlich einströmen lassen, wobei sich der untere Teil des Unterleibes besonders weit ausdehnen soll, was in poetischer Sprache ausgedrückt wird als „Unermessliches Sich-Erstrecken der Erde".

2. Stufe: „Gedankenstille"

Zwischen den einzelnen Schüben kurz innehalten, mit jedem Schub „unentwegt gegen eine verschlossene Tür drücken"! Den Unterleib mehr und mehr mit Kraft füllen! Den Atem von selbst einströmen und den Unterbauch anschwellen lassen! Die Unterleibsmuskeln leicht anspannen und dadurch die Ausdehnung (Vorwölbung) des Unterbauchs verstärken. Das Zwerchfell in paradoxer Weise leicht (nach oben) zusammenziehen.

3. Stufe: „Der Geist leuchtet selbst und schenkt sich Licht"

Weiterhin nach der „Bambus-Methode" atmen, aber intuitiv, weicher, sanfter! Sich vom großen Atem leiten lassen; in höchster Wachheit und „kristalener Klarheit" sitzen; die Atempausen werden von selbst länger; hier sind schon Übergänge zur Kevali-Atmung möglich, die im nächsten Punkt beschrieben wird; ein Aufgehen in die „große Stille" und erste „aufblitzende" Einheits-Erfahrungen bahnen sich an.

---

[104] Die „Bambus-Atem-Methode" wird hier in vereinfachter und leicht abgewandelter Form wiedergegeben in Anlehnung an: Katsuki Sekida, Zen-Training, Freiburg 1993, S. 76 – 95.

[105] Mit „Atemhorizont" ist die Grenze gemeint, an der das willentlich nicht veränderte Ausströmen des normalen Atems endet, wobei ja immer eine gewisse Menge an Residual-Luft in den Lungenflügeln verbleibt. Sobald man einen Teil dieser Restluft durch willentliche Anspannung der Atemmuskulatur sozusagen „hinausdrückt", atmet man „unter den Atemhorizont".

Die Kevali-Atmung

darf mit Recht als die Krönung aller Pranayama-Methoden bezeichnet werden. Es ist aber wichtig, zu bedenken, dass alle noch so ausgefeilten Atemtechniken (wie auch die unterschiedlichen Weisen der Meditation) nutzlos sind, wenn sie nicht in Hingabe und aus der Haltung tiefer Demut geübt werden.

Als Vorübung ist der sogenannte „Pendelatem" bestens geeignet: Der Übende nimmt einen Meditationssitz ein und richtet sich in der Wirbelsäule auf. Mit der AUSatmung pendelt er etwas nach vorne und geht weich zur Einatmung über, während der er nach hinten pendelt.

Auf der ersten Stufe des eigentlichen Kevali-Atems sollen die Übergänge zwischen EIN- und AUSatmung immer weicher werden, bis das Gefühl entsteht, dass diese beiden Atemphasen sich „überlappen" und sich die Grenzen auflösen. Der so entstandene ununterbrochene Atem wird länger und langsamer. „Die Einatmung wird der Ausatmung und die Ausatmung wird der Einatmung geopfert."[106]

Auf der zweiten Kevali-Stufe stellt sich ganz von selbst der „unmerkliche" Atem ein. Darunter ist zu verstehen, dass sich Bauch- und Brustraum sowie die Atemorgane und -muskeln tief entspannen. Der Atem verfeinert sich immer mehr und wird unglaublich zart. Er verinnerlicht und „vergeistigt" sich. Man hat das Gefühl, überhaupt nicht mehr zu atmen. Der unmerkliche Atem ist untrennbar verbunden mit den tiefsten Versenkungszuständen der gegenstandsfreien Kontemplation und den Erfahrungen des Eins-Seins, die im asiatischen Raum mit dem Wort „samadhi" zusammengefasst werden.

Schlussbemerkungen

Wahrheiten können in Schriften und ausgezeichneten Reden in beeindruckender Weise ausgedrückt werden und auch über das Thema „Bewusstseinswandel" lässt sich vortrefflich reden und konferieren. Aber alle unsere Gedanken bleiben letztlich nur Kopfgeburten, wenn sie sich nicht als „leibhaftige Wahrheiten" manifestieren und sich nicht

---

[106] Markus Schirner, Atemtechniken – Übungen für einen längeren Atem, Darmstadt 2003, S. 123.

im konkreten Handeln bewähren. Ein Bewusstseinswandel kann nur dadurch wirklich und wirksam werden, dass sich der ganze Mensch mit Kopf, Herz, Bauch und Hand, der Mensch als vollständiger „Geistseelenleib", mit seiner eigenen Mitte verbindet, die er zugleich als Mitte der Welt und als absolute, transzendente Mitte erfährt. Aus dieser „Mitte aller Mitten" wird unweigerlich ein Bewusstseinswandel geschehen, der voller Kraft „das Antlitz der Erde" erneuert und verwandelt. Zu wünschen ist, dass mehr und mehr Menschen sich zu dieser „e i n e n Mitte" hin öffnen, die in den Weltreligionen oft mit dem Namen GOTT angesprochen wird. Wahre Religion besteht schlicht und einfach in der „Rück-Verbundenheit" (religio) der Menschen mit dem einen tragenden GRUND, der alles in sich birgt.

Thomas von Aquin hat in seinem Personbegriff einen zukunftsweisenden Maßstab gesetzt, der die Größe und Verantwortung des Menschen auf drei Ebenen bewusst macht. Jedes Individuum, das in vollem Sinne „Person" werden möchte, steht erstens in der Verantwortung, auf der Ebene der eigenen Vernunft- und Geistesbegabung in eine Vollständigkeit hineinzuwachsen und hineinzureifen. Zweitens ist jeder einzelne Mensch verantwortlich für das Ganze der Natur, das sich in ihm spiegelt und mit dessen Ziel und Sinn er auf das Engste verwoben ist. Die dritte Ebene seiner Verantwortung ist verwurzelt in seiner Beziehung zum transzendenten EINEN. Einer jeden Person ist alles gegeben. Sie kann sich selbst sagen: Alle Begabungen sind mir gegeben, ich bin mir selbst geschenkt worden. Die ganze Welt ist ein Geschenk für mich. Darüber hinaus darf ich sogar teilhaben an der höchsten transzendenten Fülle des Seins. Durch alle diese Gaben werde ich angesprochen und gerufen. Ob ich auf diesen Ruf antworte oder nicht – genau darin liegt meine höchste Verantwortung! All dies drückt Thomas von Aquin in seiner großartigen Person-Definition aus:

„Das Individuum von vernunftbegabter Natur, die ganz und gar vollständig ist, und, wo sie auftritt, Sinn und Ziel der gesamten Natur offenbart, besitzt die Vollständigkeit in höchster Fülle, nach der nichts Höheres mehr kommt."[107]

---

[107] Thomas von Aquin, III Sententiarum, Dis. 6, Qu. 1, Art. 1.

4.2 Landschaftsmalerei als Korrektiv moderner Naturentfremdung: Lorrain/Turner – Friedrich/Feininger – Monet/van Gogh

Hartmut Schröter

Zusammenfassung: *Geht man von der Trennung von Subjekt- und Objektwelt in der Grundlegung unserer Neuzeit und in der Naturwissenschaft aus, so scheint die Landschaftsmalerei ein Korrektiv zu bilden. In ihr wird der Mensch im Kontext der Natur gesehen. Aber wie, das ist die Frage, die für die genannten Künstler sehr unterschiedlich zu beantworten ist. Ist nicht auch der ästhetische Betrachterstandpunkt gegenüber einer Landschaft eine Art der Distanzierung von der Natur? Gegenüber einer wissenschaftlichen Objektivierung der Natur und ihrer technischen Nutzbarkeit bieten sie jedoch alle ein anschauliches und beeindruckendes Korrektiv.*

Zur Person: *Dr. Hartmut Schröter ist Pfarrer i.R., Promotion in Philosophie zum Frühwerk Nietzsches, Schwerpunkt Kunstphilosophie, war Studienleiter im Ev. Studienwerk Villigst, Pfarrer in der Kirchengemeinde Bochum-Wiemelhausen, Bezirk Melanchthon und von 2005 – 2008 Leiter der Evangelischen Stadtakademie Bochum.*

Meine Leben und Denken prägende Erfahrung von Landschaft verbindet sich mit einem Aufenthalt in der Kulturlandschaft der Toscana. 1968 mit 25 Jahren, fuhr ich erstmals nach Florenz. Allein, ohne Sprachkenntnisse, ohne Gesprächspartner in der Kunststadt der Renaissance. Eine nie gekannte Intensität des Erlebens. Auf einem Spaziergang von Fiesole nach Settingiano ergriff mich eine umstürzende Welterfahrung. Ich habe sie damals in folgende Worte gefasst:

„1969. In der Toscana, Ankunft in der Mittagsstunde, allein auf dem Marktplatz des Ortes (Fiesole) und dann auf der Straße unter den Häusern und über den Olivenäckern, entlang der Hügelgrenze. Eine Stille wie ein Summen von Bienen in Distelfeldern. Bald draußen im gebauten Land – die Mauern halb im durchlichteten Schatten der Ölbäume. – Hin und wieder ein ‚römisches' Gehöft in riesigen ummauerten Hainen auf einer Kuppe, einzelne Töne von Tätigkeiten im Haus, Schimpfen, von abseits der Straße. Da überkommt es dich, plötzlich, im Flimmern der Ölbäume: ein anderes Dasein, überhaupt ein Dasein. Nur noch diese Welt; nicht mehr bei dir; draußen, entrückt den Schemen deiner Bewusstseinswelten."

Eine Gegenszene bildete ein Plattencover, auf dem eine leere und wesenlose Straßenödnis in platter Landschaft abgebildet war: „ein leichter Schrecken unter endlos bewölktem Himmel – an niemanden gerichtet", schrieb ich damals: „ortlos, loneliness". Für mich Inbegriff aggressiv neutraler Räume, wie sie die Moderne prägen können.

Petrarca – Wendung zum Subjekt angesichts der Erdlandschaft

Wenn man von Landschaft als einer eigenständigen Erfahrung handelt, geht man häufig auf Francesco Petrarcas (1304 – 1374) Besteigung des Mont Ventoux am 26. April 1335 in der Provence zurück. So auch Joachim Ritter, dem wir einen maßgeblichen Essay über „Landschaft" mit dem Untertitel: „Zur Funktion des Ästhetischen in der modernen Gesellschaft" verdanken. Er ist in einem Sammelband unter dem Titel „Subjektivität" erschienen. Damit ist schon angedeutet, dass die ästhetische Würdigung der Landschaft für ihn in die Geschichte der Herausbildung autonomer, von der Natur emanzipierter Subjektwerdung des Menschen in unserer Neuzeit gehört. Der ästhetisch genießende Blick setzt auch eine Distanzierung von der lebensweltlich erfahrenen, bearbeiteten und genutzten Natur voraus. Petrarca wundert sich selbst darüber, dass er „einzig getrieben von der Begierde, die ungewöhnliche Höhe eines Ortes in unmittelbarer Anschauung kennen zu lernen" diesen beschwerlichen Aufstieg unternimmt (Ritter, S. 141). Interessant ist, dass ihn das Versprechen eines weiten Überblicks hinauftreibt (ebd.). Ein Interesse, das bis heute unsere Epoche in allen Bereichen prägt.

Auch lässt sich daran denken, dass hier ein Mensch sich auf dem höchsten Gipfel über der Erde fühlen möchte. Bei Petrarca tritt die bisherige lebensweltliche Naturerfahrung in Gestalt eines Hirten auf, der selbst einmal dort oben war und nur mit Reue an die Mühen und die zerrissenen Kleider zu denken vermag. Für ihn ist die bewohnte Welt maßgeblich, worin der Raum der Natur selbstverständliche Basis, Nahrungsquelle und Ort mühsamer Auseinandersetzung im Horizont ihrer Nutzung ist.

Petrarca ist zwar tief berührt von der Erhabenheit und Schönheit des Ausblicks, nimmt ihn aber dann zum Anlass, über das Menschenleben überhaupt nachzudenken. Tief getroffen wird er von einer Stelle aus Augustins Confessiones, die er immer bei sich trägt. Dort liest er: „Die Menschen gehen hin und sehen staunend die Gipfel der Berge und die Fluten des Meeres ohne Grenzen … und die Kreisbahnen der Gestirne, aber sie haben so nicht acht ihrer selbst" (zit. Ritter, S. 143).

Dieses erhabene Erlebnis wird ihm auf dem Rückweg schon zum Anlass, das „innere Auge allein nach dem eigenen Inneren" zu richten (ebd.). Petrarca gilt als einer der ersten Zeugen, die die Konzentration auf den Menschen als Subjekt vollziehen (Renaissance). Ihm wird die Höhe des Berges zu einer kümmerlichen Vergleichsgröße zur „Höhe, welche die Betrachtung des Menschen zu erreichen vermag" (Ritter, S. 143). Hier erscheint schon die Erfahrungs- und Denkfigur, in der die Erhabenheit der Größe und Weite der Natur zu Beginn der englischen Romantik und bei Kant vor und um 1800 – nun in Landschaftsbildern – gedeutet wird.

Letztlich geht es darin um ein Selbsterlebnis des empfindenden und der Natur weit überlegenen Subjekts. Was Ritter ein nur ästhetisches Erleben aus der Distanz zur Natur nennt. Die Natur wird überhaupt erst als Ganze dem Menschen gegenübergestellt. Und dies parallel zur neuzeitlichen Naturwissenschaft, die die Natur unabhängig von aller sinnlichen und lebensweltlichen Erfahrung „objektiv" vergegenständlichen will.

Das Ganze der Welt realisieren

Nur, was ist es, was der betrachtende Mensch in der Landschaftser-fahrung realisiert? Was ihn über den besonderen Anblick erhebt? Es ist schon bei Petrarca seine Fähigkeit, im einzelnen Anblick das Ganze der Welt zu realisieren. Das Ganze meint nicht alles Gegebene, sondern das, was der Welt ihre Einheit, ihr Zusammengehören verleiht. Dies ist selber unsichtbar. Im Raum der Metaphysik und Theologie wäre es letztlich der einigende göttliche Ursprung. Auch wenn die Landschafts-malerei ohne Menschen auskommt oder sie nur als Staffage, wie man gerne sagt, hineinsetzt, wird doch immer die Stellung des Menschen in der (sinnlich erscheinenden) Welt mit geklärt und sei es nur im Verhältnis des Betrachters zum Bild.

Wie sich gezeigt hat, wurde dieses Ganze für Petrarca in Anlehnung an Augustin als eine überweltliche, nur in der Abwendung von der diesseitigen Weltverhaftung in Gott schaubare Größe verstanden. Schau-bar im Sinne eines Überstiegs der „Seele vom Körperlichen zum Un-körperlichen in der Zuwendung des Selbst zu Gott, freie Betrachtung der Natur als innerliche Bewegung der Seele, die auf das selige Leben gerichtet ist" (Ritter, S. 144). Bis heute gibt es viele Menschen, die sich Gott in der Natur näher fühlen als in den Kirchen. Meist in einer Naturstimmung, weniger durch konkrete Gegebenheiten.

Die Landschaftsmalerei hat eine große Nähe zum Phänomen der Stimmungen und damit zur Erfahrung einer Vereinheitlichung des Ge-gebenen in einer Gesamtatmosphäre, wie wir noch sehen werden. In der Tat bleibt die Auffassung des Landschaftsbildes, dass es ein (wie auch immer gedachtes) Ganzes des Lebens in den Grenzen eines Welt-ausschnittes zu realisieren habe, Grundzug der Malerei bis zum Ende des Barock und in verwandelter Weise sogar noch bis in die Anfänge der Moderne bei Cézanne (u.a.). Nur wie dieses Ganze erfahren, darge-stellt und gedeutet wird, macht große Unterschiede: sei es als inneres Seelenerlebnis, als Überstieg über die Welt der Erscheinungen in eine Welttranszendenz oder als Inkarnation in der Welt der Phänomene. Dies möchte ich an den von mir gewählten Paarbildungen von Künstlern aus verschiedenen Epochen oder mit verschiedenen Einstellungen zeigen: Lorrain/Turner – Friedrich/Feininger – Monet/van Gogh. Überspringen werde ich die holländische Landschaftsmalerei, an die wir vermutlich zuerst denken werden.

Meine Italienerfahrung hatte im Gegensatz zu der Petrarcas ja die Pointe, dass ich mich aus meinen Bewusstseinswelten herausgeworfen fühlte in eine äußerst intensive Weltbeziehung – und diese als meinen Lebensort erfuhr. Auch war es kein ästhetisch-distanziertes Betrachter-Erlebnis – ich schaute dabei gar nicht ausdrücklich alles an – , sondern ein In-der-Welt-sein, das mich und das da Draußen, die Zeichen menschlicher Gegenwart, die Bauten und Äcker, die Schönheiten der Natur, die Hitze der Sonne in ein erstauntes und jubelndes Daseinsgefühl zusammenführte. Ich war zur Welt gekommen: geboren. Die Natur und die Art ihrer menschlichen Gestaltung stand mir nicht mehr als Objektbereich der Anschauung oder der Erkenntnis gegenüber, sondern enthüllte sich in ihrer Bedeutsamkeit für ein menschliches Dasein auf, in und mit dieser Erde.

Einklammerung der Anschauungs- und Erfahrungs-Welt – Überspringen der Erdwirklichkeit

Dieser Erfahrungsraum, der uns in unserem Daseinsvollzug eröffnet wird, ist es, der seit Galilei und, philosophisch ausgearbeitet, seit Descartes als unzuverlässige, ungesicherte, irrtumsanfällige, von den Sinnen getrübte, nur subjektive Erscheinungs-Welt eingeklammert wird, um die Natur, in ihren überall geltenden Gesetzen und Strukturen (wie sie für sich, objektiv betrachtet, sei), zu thematisieren und zu erforschen. Ich nenne das gerne ein „Überspringen der Erdwirklichkeit" (als unserem Lebensraum) schon im Ansatz neuzeitlicher Natur- und Subjektauffassung. Insofern auch das Subjekt als weltlose Selbstbezüglichkeit entworfen wird.

In der Tat kann man es mit J. Ritter so sehen, dass die in der Neuzeit gleichzeitig aufkommende Landschaftsmalerei eine Art Korrektiv oder Kompensation der Folgen einer gesetzlich-mechanischen Naturauffassung sei. Ich meine jedoch, dass die bedeutende Landschaftsmalerei der italischen, der holländischen und zuletzt französischen Tradition mehr sein kann und will: nämlich das jeweilige Angebot eines anderen Welt-(Natur-)Verhältnisses, das den sinnlich-geistigen Menschen und die erscheinende Natur in einem ursprünglichen Wechselverhältnis sieht. Dafür spricht schon die Gattung der Malerei, die nur in der sinnlich belebten Anschauung einer dargebotenen Welt realisiert werden kann. Angesichts moderner Naturentfremdung und mit dem Aufkommen einer ökologischen Deutung unserer Erdwirklichkeit lässt sich dies vielleicht erst wieder in seiner geschichtlichen Relevanz entdecken und aufnehmen.

Landschaft als Welt-Bau bei Claude Lorrain

Meine besondere Vorliebe für die gebauten Landschaften Norditaliens, in der sich menschliches Bauen und Gestalten und die bearbeitete, ja verschönerte Natur begegnen und ineinander spielen, teile ich mit einer wesentlichen Ausprägung der neuzeitlichen Landschaftsmalerei. Nämlich der vom Italienerlebnis angeregten Malerei der Franzosen Lorrain und Poussin (u.a.). Hier konnte eine gebaute Landschaft (das Motiv) mit dem Problem und der Aufgabe eines Bild-Baus besonders einleuchtend zusammenstimmen. Der Bild-Bau realisiert (bis zum Ende des Barock) den Welt-Bau (das Welt-Gefüge). So konnte in den spezifischen Charakteristika dieser italisch-antiken Kulturlandschaft zugleich das Ganze, wie es sich in der Korrelation von Kultur (Geschichte) und Natur darstellt, vergegenwärtigt werden. Und in der konstellativen Bildeinheit die Präsenz des Göttlichen, als dem Einigenden, in der Vielheit der Welt verherrlicht werden.

Der vielleicht berühmteste Maler dieser Landschaften war Claude Lorrain (Gillée). Ein aus armen Verhältnissen stammender Franzose aus Lothringen, der die längste Zeit seines Lebens in Italien gewirkt hat. Er lebte von 1600 – 1682, also in der Hochzeit des Barock. Von dessen beredtem, aufreizenden, dynamischen und macht-repräsentativen Gestus wird man in seinen Bildern jedoch wenig finden. Er schafft eher sehr stille, ausgeglichene, nobel-zurückhaltende Szenarien.

Wie überhaupt die Landschaftsmalerei als eigene Gattung auch in Holland als Gegenbewegung zur theatralischen Inszenierung religiöser oder politisch-historischer Herrschaftssujets gesehen werden kann. Sie war und blieb wenig anerkannt, weil sie diese großen heroischen Themen einer mythologisierenden „Historienmalerei" nicht ins Zentrum rückte.

Das Bild von Claude Lorrain, von dem ich ausgehen möchte, trägt den Titel: „Landschaft mit der Vertreibung von Hagar und Ismael" (Abb. 1, s. S. 153). Es greift eine biblischen Szene auf. Die Frage ist nur wie? Wie man sehen kann: höchst zurückhaltend und individuell persönlich. Eingebettet in ein weites Landschaftsszenario. Das Gemälde stammt aus dem Jahr 1668. Der Blick wird zuerst und zentral aus einer dunkleren Zone in einen helleren Hintergrund mit diesiger Sonnenscheibe in einem leicht bewölkten Himmel gelenkt. Dieser Himmel nimmt mehr als die Hälfte der Bildhöhe ein. Vor ihm breitet sich eine Landschaft aus, in der wesentliche Dimensionen der Natur auf ansprechende Weise in sehr zurückhaltenden Farben zusammen komponiert sind. Man spricht deshalb auch von idealen Landschaften. Es geht also nicht nur um einen realistischen Wirklichkeitsausschnitt, sondern um ein sinnfälliges Ganzes von Weltelementen und Bezügen.

Betrachtet man zunächst nur das Landschaftliche vom Hintergrund aus, so erscheint eine leicht bläuliche Zone, die Meer und Berge in eine atmosphärische Ferne entrückt, ja entmaterialisiert. Sie spielt noch als ein bläulicher Schleier in die Uferzone hinein und färbt auch die ins Meer ragende Landzunge ein. Die Ferne wird durch eine Aufhellung und leichte Verschleierung der Farben, mit der sog. Luftperspektive, realisiert. Stärker und dunkler akzentuiert bildet sich ein Übergang zu einem mittleren Nahbereich, der durch herrliche Bäume und übergehend in den nähergerückten steilen Berg am rechten Bildrand auf beiden Seiten begrenzt wird. Sie durchzieht über die Horizontlinie den ganzen Bildraum. Diese beiden Zonen werden durch einen horizontal verlaufenden Erdwall von der Binnenwelt im Vordergrund abgegrenzt. Diese ist selber eine Welt für sich. Es bildet sich ein Tal, vermutlich von einem Bachverlauf. Weide- und Wildtiere sind anmutig locker im Areal verstreut. Wenn man sich in die Fernen einsieht, in der sie sich zum Vordergrund befinden, so kann es einem fast so vorkommen, als wären sie weiter entfernt als die Hintergrundslandschaft und der Himmel. Was bedeuten würde, dass der Hintergrund der Bildoberfläche eher angenähert wird, bestätigt durch das rahmenparallele Himmelsfenster. Vor dem Wall beginnt die Nahwelt der Menschen. Ein Weg durchzieht den ganzen Bildraum parallel zum Horizont und zur Grundlinie, ausgehend von dem riesigen, die ganze Bildhöhe durchmessenden Renaissancegebäude und römisch-antiken Tempelsäulen. Vor dem Weg, noch ins Bild ragend, antike Ruinenreste. Erinnerung an den menschlichen Raum der Geschichte in seiner Vergänglichkeit. Man könnte meinen, die Zeitdimensionen werden in räumlicher Gleichzeitigkeit eingespielt. Die besondere Möglichkeit einer Bild-Welt ist ja die Gleichzeitigkeit aller Dimensionen der Welt.

Abb. 1: Claude Lorrain, Landschaft mit der Vertreibung von Hagar und Ismael, 1668

Warum habe ich diese Zonen so betont? Weil sie eine bildnerische Entscheidung darstellen, dem Tiefensog der Perspektive, die seit der Renaissance maßgeblich den Bildaufbau bestimmt und den Reiz der Ferne einbringt, entgegenzuwirken. Auch das Ferne wird so in die Bildfläche zurückgebunden und erscheint im Gegenzug zu ihrer Unendlichkeitssuggestion als zugehöriger (aber entzogener) Teil unserer sichtbaren Welt. Man könnte von „Plänen" sprechen, die wie Leinwände hintereinander gestaffelt werden. Übrigens eine Methode, die Cézanne zur Überwindung der Perspektive ebenfalls anwendet und wohl bei seinem Lieblingsmaler Poussin, dem Freund von Lorrain, gesehen hat. Man muss sich dazu vergegenwärtigen, dass die Perspektive das Bild auf den Blick des Betrachters zurichtet und die Raumordnung auf seinen außerhalb liegenden Standpunkt ausrichtet. Eine flächenparallele Organisation verstärkt das Eigenleben des Bildes: die Bildimmanenz des Dargestellten. Wir stehen einer in sich selbst spielenden Bild-Welt gegenüber. Das ganze Bild erscheint wie entrückt. Der Vordergrund geht nicht in unseren Betrachterraum über.

Besonders auffällig ist deshalb, dass die ausdrücklich formulierte Linearperspektive von dem menschlichen Gebäude ausgeht, das den linken Bildrand gänzlich abgrenzt, nicht ohne eine uneinsichtige Türöffnungen zu lassen. Verlängert man die Grund- und Dachlinie so treffen sie in der Sonne zusammen. Ein hervorgehobener Sonnenstrahl teilt das Bild in fast gleiche Hälften und reicht bis in den unmittelbaren Vordergrund. Hier herrscht eine streng geometrische Bildstruktur. Grundmerkmal menschlicher und göttlicher Vernunftordnung. Deshalb wirkt es aber um so schöner und befreiender, wie die Einschwingungen der Naturlandschaft (von der rechten Bildecke aus) diese perspektivisch strenge Mathematik umspielen, den Tiefensog ins Horizontale erden und die „Pläne" aufbauen und zugleich schwingend verbinden. Die Naturraum wird im Gegensatz zur strengen Geometrie menschlicher Werke mit freien, offenen, schwingenden Formen und Ausblicken dargestellt. So wie die freie, lichte Ordnung des großen Baumes sich von der Strenge und verschlossen geometrischen Ordnung des Palastes abhebt. Beides jedoch bleibt einander zugeordnet, in einer Kontrast-

Harmonie sich wechselseitig bestärkend. Es verwundert wohl nicht, dass Lorrain zum Vorbild für den englischen Landschaftspark mit seiner Verbindung von menschlichen Bauten und malerisch frei komponierten offenen Landschaften geworden ist. Dagegen entspricht der zeitgemäße barocke Garten eher dem Naturzugang der aufkommenden Naturwissenschaften, indem er die Natur einer strengen geometrisch-mathematischen Ordnung unterwirft und so durchgängig zu beherrschen sucht. Man suchte bewusst Pflanzenarten aus, die sich immer wieder in die geometrische Grundform zurückschneiden ließen.

Aber auch diese freier gebaute Bildwelt wird bewusst und streng begrenzt und in sich gegliedert zu den Seiten und in der Ferne durch die Bergkette (u.a.). Nur der durchleuchtete Himmel lässt eine diffus unbestimmte Grenze entstehen, in der die Sonne und ihr Licht leicht diesig verschwimmen. Von dort her drängen aber die Wolken im Gegenzug zum Vordergrund ins Bild herein. Es ist eine entschieden endliche Welt, Das gilt auch von der Sonne und ihrem Licht. Sie wäre am ehesten das Symbol des Göttlichen. Lorrain gibt sie aber als irdische Lichtquelle, die ihre sichtbaren Strahlen in alle Bildrichtungen schickt und damit an der perspektivischen Ordnung der Welt mitwirkt. Aber fast unabhängig von dieser abgegrenzten Strahlung und ihrem lichten Herkunftsort erfüllt den ganzen Bildraum eine feine, fast staubige Lichtatmosphäre. Sie hat eine gegenstandslose Allpräsenz, modelliert sich aber dennoch mit dem Charakter des Dargestellten. Beides zusammen lässt die Gegenwart des Göttlichen, die Einheit in der Vielfalt, in dieser Bild-Welt erscheinen. Sie verkörpert sich in ihr, statt nur über sie hinaus zu weisen. Transparenz statt Transzendenz.

Wie es ihm gelingt, eine solche Atmosphäre in der Verschiedenheit der Farben und Abtönungen im Spiel mit sanften Schattenzonen allgegenwärtig zu verbreiten, das hat wohl seinen Ruhm mit begründet. Das Licht liegt nicht nur auf den Dingen dieser Welt, sondern es vermählt sich mit ihnen, verwandelt sich in ihnen, dämmert aus ihnen hervor. Und in dieser Hochzeit von Licht und Erde bildet sich eine Vereinigung des Unterschiedlichen in einer vielfach getönten, aber gemeinsamen Atmosphäre.

Atmosphäre und Gesamtstimmung sind wesentliche Züge der Landschaftsmalerei. Sie geben uns ja das Rätsel auf, dass sie einen ganzen Raum einzustimmen vermögen. So, als ob sie über den Dingen zu schweben schienen. Weshalb sie meist als ein bloß subjektives Empfinden gedeutet werden. Aber dennoch werden sie zugleich – wie hier bei Lorrain – von dem jeweiligen Ensemble der Dinge in ihrem besonderen Charakter heraufbeschworen. In ihr begegnen sich menschliches Empfinden und landschaftliche Zusammenklänge der Natur auf eine ergreifende Weise. Eine sehr subjektive Empfindung und dennoch eingestimmt durch das Gesehene. Sie wirken wie ein Medium zwischen unserem zusammenfügenden, Ganzheiten bildenden (strukturierenden) Geist und der Diversität der Weltdinge. Und bringen beide Seiten zum Einklang. Bei Lorrain gibt es noch nicht die ganz innerlich-subjektive Stimmung der Romantik, wie wir sie bei C.D. Friedrich realisiert finden.

Wie aber sind die Menschen in diese Erdwelt eingebaut. Dieser Raum der Welt überragt sie bei Weitem. Die Gruppe mit Abraham, Hagar und ihrem Sohn Ismael verschwindet fast im dunkleren Vordergrund. Sie überragen knapp den Grenzwall ihrer Nahwelt, aber bleiben weit unter dem Horizont. Sie sind ein maßgerecht eingebundener Teil dieses größeren Ganzen, überragt von dessen großartiger Höhe, Tiefe und Weite. Aber in Bezug auf die Geometrie des Bildes stehen sie an entscheidender Stelle. Zwischen der die Senkrechte bildenden Hauswand und der Waagerechten des Weges, am Kreuzpunkt der Grundrichtungen eines Bildes. Hier jedoch an die Seite gerückt, damit die Strecke des aus dem Bild herausführenden Weges freigegeben werden kann. Sie sind aus dem Haus hinaus ins Freie getreten.

Abraham überreicht der mit gesenktem Blick dastehenden Hagar Brot und Wasser als Wegzehrung und weist sie mit ihrem Kind aus dem Bildfeld hinaus. Seine eifersüchtige Ehefrau Sarah hat darauf bestanden. Sie beäugt ganz oben versteckt das Geschehen. Eine für Menschen typische Tragödie von Übertretung, Missgunst und Eifersucht. Wie viele biblische Geschichten archetypische Szenen aus einem persönlich-familiären Umkreis. Hier aber ohne Dramatik, fast würdig dargestellt. – Wenn man sich mit dieser wunderbaren Parklandschaft angefreundet hat, dann kann man vielleicht den Schmerz empfinden, aus dieser bewohnten Welt ins Ungewisse, in die Wüste, gewiesen zu werden. Aber wer den biblischen Text kennt, weiß, dass Gott der Hagar auch in der Wüste noch beisteht. Zu diesem Neuanfang hat Lorrain noch ein zweites Gemälde gemalt.

In einer Epoche, in der die Newtonsche Physik einen von den Dingen abstrahierbaren absoluten Raum und eine absolute Zeit postuliert und die Philosophie der objektiv distanzierten Natur ein weltunabhängiges Subjekt gegenüberstellt, baut Lorrain eine Bild-Welt, in der unsere Erde als erlebte und gebaute Wohnstatt mit dem Schicksal des Menschlichen in eine komplementäre Beziehung gebracht wird. Himmel und Erde, vergangene Geschichte, typisch menschliche Dramen und die ungewisse Zukunft jenseits der Bildwelt (Vertreibung) werden mit gleichgewichtigen Anteilen in der einen Gegenwart des Bildes zusammengeführt. Die Bild-Welt manifestiert das Welt-Gefüge als den Raum und die Zeit unserer Existenz (nicht nur eine bestimmte Situation). Die Ruhe und Freundlichkeit seiner Gemälde bildet eine Gegenwelt zur barocken Dynamik, zu deren machtvoller Repräsentation weltlicher und geistlicher Herrschaft und zur naturbezwingenden Geometrie barocker Gärten.

Der Mensch hat seine höchste Existenzweise nicht nur in großartigen Palästen und monumentalen Szenen der Geschichte, sondern im Raum der Elemente zwischen dem irdischen Himmel und einer mitgestalteten, durch menschliche Bearbeitung vervollkommneten Erde. Die Welt des Menschen und der Natur sind voneinander unterschieden, können aber in einer wohltuenden Kontrastharmonie aufeinander bezogen sein und sich wechselseitig durchdringen. Die Erde unter dem Himmel ist ausgebaut zur Wohnstatt der Menschen. Über allem eine flimmernde Lichtatmosphäre, die durch das, was sie bescheint, modifiziert wird, aber dennoch alles in einer schwebenden Atmosphäre verbindet. Die Gegenwart des göttlich Einen und Ganzen in der Vielfalt der Welt.

Lorrain – Turner:
Bild-Bau versus Bild-Dynamik

Ich möchte nun diesen Bildtypus Lorrains mit einem Maler der Moderne konfrontieren, der Lorrain ausgiebig studiert und kopiert hat und dennoch – wie wir sehen werden – in ähnlichen Motiven eine andere Welterfahrung veranschaulicht. Ich meine William Turner, der von 1775 – 1851 im Zeitalter der Französischen Revolution und der heraufziehenden Industriegesellschaft gelebt hat. Er hat die technisch-industrielle Revolution seiner Zeit schon früh wahrgenommen, war mit Naturwissenschaftlern bekannt und befreundet (Faraday z. B.) und hat als Mitglied der Royal Academy viele Vorträge zur zeitgenössischen Wissenschaftsentwicklung verfolgt (Wagner, S. 103 u.a.). Auch in seine Bildwelt sind industrielle Fertigungsprozesse, Industrielandschaften, Dampfschiffe und Eisenbahnen eingegangen (Wagner, S. 59ff; S. 25f). Aber es sind nicht nur solche Motive, die seine Nähe zum technischen Zeitalter zeigen, sondern es ist seine ganze Wirklichkeitsauffassung, die dem naturwissenschaftlichen Weltentwurf entspricht, ihn aber auch immanent korrigiert. Das möchte ich im folgenden an drei Gemälden zeigen.

Die damals wenig anerkannte Landschaftsmalerei, für die er am Ende als Vorläufer der Impressionisten und der abstrahierenden Moderne gewürdigt wird, bringt er sich im Selbststudium bei. Er ist zugleich ein agiler Selbstvermarktungsstratege und Geschäftsmann. Er fährt als einer der ersten Touristen durch ganz Europa, am liebsten mit der Eisenbahn und den aufkommenden Dampfschiffen. Aber nicht nur solche typisch modernen Verhaltensweisen oder die Modernität seiner Themen, sondern die Frage, wie diese Modernität sich in seiner Malweise und Bildauffassung niederschlägt, soll uns primär beschäftigen.

In einem Vergleich zu einem Gemälde von Lorrain lassen sich einige grundlegende Veränderungen beobachten. Das Gemälde von Lorrain von 1648 (Abb. 2, s. S. 159) trägt den Titel: „Einschiffung der Königin von Saba". Das Gemälde von Turner von 1815: „Dido erbaut Karthago" (Abb. 3, s. S. 159). Man wird Verwandtschaften und Unterschiede schon

Abb. 2: Claude Lorrain, Einschiffung der Königin von Saba, 1648

Abb. 3: William Turner, Dido erbaut Karthago, 1815

beim ersten Zugang wahrnehmen. Die offensichtliche Verwandtschaft in der Bedeutung der Architektur für das Bild-Gefüge, ihr Gegensatz zur Offenheit von Wasser und Himmel sowie zur freien Gestaltung der Bäume. Im Zentrum die Sonne mit ihrer alles bestrahlenden Lichtfülle. Darin die betrachtenden und tätigen Menschen.

Aber zugleich werden wesentliche Unterschiede auffallen. Die Menschen werden nicht mehr als gleichwertige, immer individuell platzierte Mitgestalter der Bildarchitektur gegeben, sondern bilden eine unbestimmte, summarisch gegebene Menge im Flutlicht. Finden wir bei Lorrain wieder die uns schon bekannte begrenzende Fügung der ganzen Bildfläche und die Zurückhaltung der Farbgebung, so nimmt man bei Turner eine ungeheure Dynamisierung sowohl im Raum wie in der Farbintensität und in der Lichtführung wahr. Die Farben werden übergängig verschmiert und verlieren ihre lokale, die Dinge kennzeichnende Begrenzung.

Schließt Lorrain die Bildfläche durch Begrenzungen nach vorn und nach hinten, sowie zu den Seiten entschieden ab, so öffnet Turner den Bildraum dynamisch in allen Richtungen. Dem dient sowohl die Verbreiterung des Formats wie die Verkleinerung der Gebäude, Menschen und Schiffe. Zu den Seiten öffnet Turner den Bildraum ausdrücklich durch die liegende Säule links vorne und die ausschwingende Gebäudewand rechts. Am auffälligsten nach vorne auf den Betrachter zu. Das begrenzende Ufer fällt weg. Das Gewässer fließt aus dem Bild heraus. Dem Betrachter wird nicht mehr ein frontales, auf der Erde platziertes Gegenüber angewiesen, sondern er blickt freischwebend aus einer unbestimmten Höhe auf das Geschehen. Das Bild ist kein in sich geschlossener Kosmos mehr; es öffnet sich für eine überlegene Übersichtsposition in dynamischer Bewegung sowohl in die Tiefe wie uns entgegen. Die Gebäude folgen der Fluchtlinie und bilden nicht mehr eine oberflächengebundene Stabilisierung der Bildfläche nach oben und unten. Auf der linken Seite dominiert die Tiefendynamik, auf der rechten kommt sie uns entgegen. Am linken Ufer entfaltet sich eine geschäftige Bauaktivität, wohl gedacht als Manifestation der eigenen Gegenwart. Rechts erinnern menschenleere, von der Natur eroberte antike Bauten und Grotten an vergangene Zeiten. Diese zwei Zeitdimensionen werden so ausdrücklich auseinander gehalten, wie das beginnende Zeitalter des historischen Bewusstseins es tut. Die glorreiche Zukunft öffnet sich zu einem gleißenden Lichthof in der Tiefe des Bildes. Das Bild entfaltet sowohl eine prozesshafte Raum- und Bewegungs- sowie Zeitdynamik.

Interessanterweise führt Turner die Perspektivlinien nicht mehr auf die Sonne zu. Vielmehr konvergieren sie in einem Brückenbogen im lichten Hintergrund. Der unendliche Fluchtpunkt gehört nun zur irdischen Wirklichkeit ins Unabsehbare entschwindend. Die Sonne dient so nicht mehr wie bei Lorrain der Stabilisierung der (irdischen) Bildwelt, sondern überragt die Aktionswelt der Menschen. Vor allem aber tritt sie aus der zurückhaltenden indirekten Zwielichtigkeit bei Lorrain heraus und wird als ein alles bestimmender Leuchtpunkt herausgehoben. Erscheint das Licht bei Lorrain wie ein eigenes fast kühles Luft-Leucht-Element, das zugleich von den Dingen und den Lokalfarben in verschiedener Tönung auszugehen scheint, überstrahlt es bei Turner alle Bereiche und färbt sie gelblich ein. Er versucht das Licht und seine irdisch verstandene Quelle „gegenständlich" (nicht nur in seinen Wirkungen) zu fassen. Seine Idee war es, „das Licht selbst zu malen, unabhängig von den Gegenständen, auf die es scheint", um damit die „Impression einer universellen Verbindung der Dinge besser auszudrücken" (Wagner, S. 120). Diese übergreift und integriert das Einzelne und Dinghafte in einem nicht mehr dinglich verwirklichten Baugefüge. Das Einigende legt sich darüber. Eine universelle Energie liegt hinter den Dingen. Er versteht sie als sichtbar zu machendes Medium (Fluidum). Bei Turner manifestiert sich die Einheit des Raumes aber auch nicht in der abstrakten Leere eines absoluten Raumes, sondern in einem alles durchwaltenden dynamischen Lichtäther, den auch die zeitgenössische Naturwissenschaft annahm. Turner liebt die Vermischung von Licht und Erde in seinem typischen Braun-Gold-Tönen.

Was bedeutet dies alles für den Wandel der Welterfahrung? Die vorgetragenen Beobachtungen lassen ja schon dominante Züge erkennen. Die endliche begrenzte Bild-Welt bei Lorrain öffnet sich in alle Richtungen ins Offene. Die Perspektive dient der Dynamisierung und Entgrenzung ins unbestimmt Unendliche. Der Dynamisierung des Raumes und seiner Bewohner korrespondiert eine prozesshafte Dynamisierung der Zeit. Turner war ein Lehrer der Perspektive und wusste genau, was er damit tat. So werden die sichtbaren Dinge dieser dynamischen Entgrenzung untergeordnet und in sie hineingezogen. Das alles überflutende Licht, das von der überirdisch gleißenden Sonne ausgeht, färbt sie alle in eine bestimmte atmosphärische Tönung ein. Eine immaterielle Lichtstrahlung wird zum Hauptakteur der Bildwelt. Sie lässt die Vielfalt der Dinge erscheinen, manifestiert sich als deren Quelle und zugrundeliegende Vereinigung. Turner deutet sie schon als eine Strahlungsenergie, als eine unsere Welt bildende, ihr zugrundeliegende empirisch fassbare Energie, keine ihre Einheit und Ganzheit gewährleistende göttliche Transzendenz mehr. Die zeitgemäße Naturwissenschaft war schon auf der Spur, die Kraft-Materie als Energie zu bestimmen und zu vereinheitlichen. Turner hatte Kenntnis davon (vgl. Wagner, S. 104).

Abb. 4: William Turner, Sturz einer Lawine in Graubünden"
(Hütte, von einer Lawine zerstört), 1810

Wer seine Bilder vor Augen hat, wird erkennen, wie sehr er dazu neigt, die „Dinge" in dynamische Atmosphären aufzulösen oder zumindest einzubetten. Das Bild verliert seine architektonische Einheit zugunsten einer offenen Dynamik und vereinheitlichenden Licht-Atmosphäre. Darin manifestiert sich ein epochaler Umbruch. Turners Malerei begleitet den Wandel des physikalischen Weltbildes von der Materie zur Energie, die sich im 19. Jahrhundert abspielt. Die Welt als Gefüge und Erscheinung von Dingen ist nur die geronnene Manifestation von dynamischen Kräften und Energien. Jedoch bleibt die sichtbare Welt der Schauplatz ihrer Erscheinung und Auseinandersetzung im Unterschied zur Mathematisierung in den Naturwissenschaften. Was dies alles mit der offenen Fortschrittsdynamik bis in unsere Gegenwart hinein zu tun haben könnte, ist hoffentlich deutlich geworden.

Turner – das Erhabene des energetischen Zusammenwirkens der Elemente

Ein früheres Bild von 1809 kann die gewonnene Sichtweise ergänzen und bestätigen: „Sturz einer Lawine in Graubünden" (Abb. 4, s. S. 162). Vorauszuschicken wäre ein Hinweis auf die große Bedeutung des Erhabenen seit der englischen Romantik für die Bestimmung des Verhältnisses von Mensch und Natur (vgl. Eco, Umberto, Die Geschichte der Schönheit, Kap. XI, Das Erhabene, S. 275ff). War bisher das Schöne als Harmonie Auftrag und Ziel der Malerei, so verschiebt sich das Interesse im 18. Jahrhundert zum Erhabenen. Dieses kann das Formlose, die Wildnis, unendliche Weiten, das Unbestimmte, Unfassbare, Schrekken und Schmerz als Zumutungen der Natur einbeziehen. Gleichzeitig beginnt die Faszination der Hochgebirge und führt zu einem ersten Gebirgstourismus. Turner wurde selbst zum Reisenden. Wie wir aber nicht nur über Kant wissen, diente die Faszination an der unfassbaren Übermacht und Weite der Natur der Selbstversicherung des Menschen in seiner geistig-überlegenen Existenzweise. Das Gefühl der körperlichen Ohnmacht und Winzigkeit gegenüber den mächtigen Gewalten der Natur verwandelt sich in den Stolz auf die ganz anders geartete freie Geistnatur des Menschen und die durch sie ermöglichte Herrschaftsdistanz zur Natur. Die virtuelle Darstellung des Erhabenen der Natur im Bild ermöglicht zudem eine ungefährdete Teilhabe und Erregung. Eine entlastende Wirkung der medialen Darstellung des Schreckens bis heute. Ob dies auch die Absicht des angesprochenen Gemäldes von Turner ist, kann offen bleiben.

Turner bewegt sich als Maler, der die anschauliche Welt darbietet, noch im Raum der klassischen Lehre der vier Elemente: Erde, Wasser, Luft und Feuer (Licht/Energie). Doch er fasst sie schon in diesem frühen Bild von 1809 „Der Sturz einer Lawine in Graubünden" als verschiedene ineinanderfließende Aggregatzustände auf, die sich – wie in der newtonschen Naturwissenschaft – in der Kraft der Bewegung bündeln. Die zu Bergen aufgetürmte Erde, Eis und Schnee, als Aggregatzustände des Wassers, und Wolken und Sturm, als Aggregatzustände der Luft, wirbeln auf diesem Gemälde kaum unterscheidbar ineinander und versammeln sich in den aufgetürmten Sturz des Felsbrockens. Der focussierte Felsblock ist so realisiert, dass er die von Menschen erbaute Hütte mit Leichtigkeit zermalmen und die distanzierende Bildfläche durchschlagen wird. Er ist nicht mehr Gegenstand, sondern sichtbar gemachte energiegeladene Bewegung von Kräften, die den Betrachter mit bedroht. Die gesicherte Betrachterdistanz soll suggestiv aufgehoben werden. Eine Kunst des Erhabenen zielt auf die fühlbare Betroffenheit des Betrachters.

Elementare Bewegungskraft ist für Turner hier die Summe der Natur(gewalt). Gegenüber ihrer Neutralisierung und Mathematisierung in der naturwissenschaftlichen Erkenntnis oder ihrer gesetzlichen und technischen Bändigung lässt Turner sie jedoch in ihrer anschaulichen und staunenswert-erschreckenden Erhabenheit für den betroffenen Menschen erscheinen. Solche die Sinne ansprechende Anschaulichkeit und solche unser Lebensgefühl tangierende Betroffenheit möchte ich als Gegenmomente zur wissenschaftlichen Abstraktion und neutralisierenden Objektivierung verstehen. Die Gewalt der Natur scheint mir hier noch als eine die Macht des Menschen begrenzende Übermacht dargestellt, bewundert und anerkannt.

Turner: Die Geschwindigkeit als Paradigma der Welt-Wahrnehmung

Turners Auseinandersetzung mit der technischen Bändigung der Naturenergien zeigt sich besonders eindrücklich in dem berühmten Gemälde von 1844: „Regen, Dampf und Geschwindigkeit – die Great Western Eisenbahn" (Abb. 5). Dieses Bild bringt die chaotischen Elementarkräfte der Natur in Verbindung mit der gebändigten und gerichteten Bewegung der Dampfkraftmaschine. Auch zeitgenössische Quellen sprechen davon, dass die Menschen durch die Maschinen die Elemente durch ihre Verwandlung in gerichtete Kräfte zwingen, für sie zu arbeiten (vgl. Wagner, S. 97f). Der Bildtitel nennt bezeichnenderweise nicht die Eisenbahn als Gegenstand der Darstellung zuerst, sondern zwei Aggregatzustände des Wassers (Regen und Dampf) und die Geschwindigkeit, die durch das technische Gerät neu in die Menschenwelt einbricht. Der erste Eindruck gibt dem Betrachter kein klares Bild,

Abb. 5: William Turner, Regen, Dampf und Geschwindigkeit – die Great Western Eisenbahn, 1844

weil eine diffuse Licht-Atmosphäre, in der Erde, Himmel, Wolken und Regen kaum unterscheidbar sind, das Bild erfüllt. Schon die Zeitgenossen hoben hervor, dass durch die Geschwindigkeit auch die Wahrnehmung verändert wird. Turner malt also auch ein „neuartiges Seherlebnis", „Ausdruck einer neuen, durch Geschwindigkeit bedingten Wahrnehmung" (Wagner, S. 92).

Was sich bisher gezeigt hat, ist in Wagners Untersuchung zu Turner sehr einleuchtend zusammengefasst: „Im Unterschied zu technischen Illustrationen begründen Regen, Dampf und Geschwindigkeit eine veränderte Sicht auf die Dinge. Dadurch scheinen alle Unterschiede in der Materialität der Dingwelt zugunsten ihrer flüchtigen Erscheinung negiert. Nur die Bearbeitungsspuren von Farbmaterie markieren die unterschiedlichen Bereiche von Himmel, Land und Wasser. Sie erscheinen wie verschiedene Zustände derselben Substanz. Dem entspricht die Farbigkeit, deren gelblich-braun-ocker oszillierenden Oberflächen als feinste Schichten über der groben Grundierung liegen und zum Eindruck eines ungreifbaren, flüchtigen Zustands beitragen" (Wagner, S. 97). Auch die Malweise dynamisiert und verflüchtigt sich. Turner ist berühmt für seine schnelle Malweise. Der Zug selber wird nicht in seiner technischen Präzision, sondern in seiner für das Auge kaum nachvollziehbaren Geschwindigkeit dargestellt. Das Wesen der neuen Technik liegt für Turner offenbar nicht in ihrem Aussehen und der Präzision der Maschinen, sondern in der durch die Geschwindigkeit sich vollziehenden Veränderung von Raum und Zeit sowie in der dynamisierten Welt-Wahrnehmung.

Wohl überlegt lässt Turner den Zug aus dem verhangenen Mittelpunkt des Bildes herausschießen. Für den Lehrer der Perspektive wäre dies der Unendlichkeitspunkt. Die Eisenbahntrasse wird im Bildraum so angelegt, dass sie über die Ecke des Bildes in eine zweite Unendlichkeit hinausführt. Damit vermeidet er die Grenze, die der Betrachter im Gegenüber zum Bild unwillkürlich einführt. Zudem hat auch der Betrachter keinen festen Standort im Raum wie er zur klassischen Subjekt-Objekt-Konstellation gehört, sondern nimmt einen unbestimmt schwebenden Ort ein, von dem er auf das durch die Brücke schon erhöhte Geschehen hinabblickt.

Realisierung des Newtonschen Naturentwurfs im Eisenbahnsystem (W. Schivelbusch)

Turner sieht offenbar in der aufkommenden Technik eine ähnliche Veränderung unserer Welt-Erfahrung und -Wahrnehmung, wie sie in einer sehr bedeutsamen Untersuchung von Wolfgang Schivelbusch zur „Geschichte der Eisenbahnreise" ausgearbeitet wurde. Ihr Untertitel: „Zur Industrialisierung von Raum und Zeit im 19. Jahrhundert" entspricht Turners Einsicht. Schivelbusch stellt in seiner Untersuchung dar, inwiefern die Eisenbahn als technische Umsetzung der Naturkraft in gerichtete Bewegung den Newtonschen Kraft- und Raumbegriff realisiert. Durch die von ihr erzwungene Angleichung der je verschiedenen Ortszeiten zu einer homogenen Zeit führt sie tendenziell auch die absolute Zeit ein. Das Schiensystem selbst, das die Unebenheiten der Erdoberfläche und die regionalen Verschiedenheiten tendenziell einer geraden Bahn ohne Hindernisse angleicht, nähert sich der abstrakten, nur gedachten Strecke an, die Newton für sein erstes Bewegungsgesetz unterstellt. Die Schienenwege könnten wie eine „Versuchsanordnung der Physik angesehen werden, um Newtons erstes Gesetz der Bewegung zu operationalisieren: „Jeder Körper bewegt sich durch die ihm innewohnende Kraft gleichförmig auf einer geraden Linie ins Unendliche fort, wenn er nicht durch etwas Äußeres daran gehindert wird".

Den Bezug auf Turner verdanke ich einem aufschlussreichen Artikel von Dieter Rahn (zit. Rahn, S. 119). Was ihre Realisierung verhindert, gilt als etwas „Äußeres", als „Hindernis", und somit als etwas zu Überwindendes. Das Techniksystem setzt sich neben die historisch gewachsene, unregelmäßige und inhomogene Erdwirklichkeit oder unterwirft sie im Ganzen seinen Bedingungen und Gesetzen. Solche Naturauslegung und die ihr folgende Technik tendieren zur Raum- und Zeitüberwindung. Heute ist sie am auffallendsten in den virtuellen Daten-Räumen verwirklicht, in denen man von jeder Raum-Zeit-Stelle möglichst in Echtzeit Zugriff auf alle Informationen und Weltgegenden haben soll.

Die „überfahrene" Lebenswelt (Turner)

Turner zeigt diese von Schivelbusch analysierte Unabhängigkeit des Eisenbahnsystems von der natürlichen Landschaft auf eindrückliche Weise. Die das Flusstal überbrückende Schienenstrecke durchschneidet den (Erd-)Landschaftsraum, ja den „Welt-Raum", wenn man den Unendlichkeitspunkt einbezieht, aus dem sie herausschießt. Die Bewegung entspringt einer abstrakt-unendlichen Räumlichkeit und gibt sich als ungehindert schnell und homogen zu erkennen. Das Auge kann ihr nicht wie bisher folgen. Die Bahn verbindet Start- und Zielorte auf möglichst direkte Weise, so dass die Landschaften am Wege zu bloßen Durchgangsstrecken werden. Das Da-zwischen ist negiert. Turner zeigt die „überfahrene" Landschaft von großer Höhe ganz unten in undeutlichen Konturen. Durch kaum sichtbare Einfügungen erinnert er noch an die Welt, die nun verdrängt, durch- und überfahren wird. Rechts von der Brücke lässt sich ein pflügender Bauer erkennen. Kurz vor Abschluss des Bildes hat er noch einen flüchtenden Hasen hinein gemalt, der im nächsten Moment von der Lokomotive erfasst werden könnte. Links sieht man in der Tiefe ein offenes Boot mit Schaulustigen, von denen einer einen Schirm als Zeichen eines unzureichenden Schutzes vor den Wettern trägt (vgl. Wagner, S. 100). Auf der verschwimmenden Uferpartie erkennt man erst allmählich weitere Schaulustige, die – wie zeitgenössische Quellen verraten – den Kirchgang versäumten, um sich von diesem technischen Wunder faszinieren zu lassen (vgl. Rahn, S. 115).

Durch eine malerische Besonderheit hat Turner den Vorgang der Transformation und Einschmelzung der irdischen Elemente besonders betont. Auf dem Kessel der Lokomotive brennt in auffälliger Glut das Feuer, das Wasser in Dampf verwandelt, der wiederum diese Maschine antreibt. An diesem Punkt sind außerordentlich viele Farben versammelt. Die verwandelnd antreibende Energie wird hier als das bewegende Zentrum nach außen verlegt und damit sichtbar gemacht (vgl. Wagner, S. 97f). In all dem wird anschaulich, wie diese dort unten liegende Erd-Landschaft und ihre Lebensweisen durch das neue System zu einer vergangenen Epoche gemacht werden wird. In zeitgenössischen Visionen sah man im Eisenbahnnetz die Chance zur friedlichen Annäherung und Angleichung der Völker. Es werde gelingen, die Zersplitterung der Völker, die Crux einer gewaltsamen Weltgeschichte, wie sie im Mythos vom Turmbau zu Babel veranschaulicht wurde, durch dieses weltumspannende Netz zu überwinden. In unsere Epoche könnte der Wille zur Vereinheitlichung der Welt in einem neuen „Turmbau" zum Ziele kommen (vgl. Rahn, S. 114). In den Weltkriegen des 20sten Jahrhunderts musste man jedoch lernen, dass die neuen Technologien zugleich ein ungeheures Zerstörungspotential entfalten. In unserer Epoche der Globalisierung erkennen wir nun mit Bedauern, dass die Vereinigung aller Kulturen unter dem technisch-industriellen Komplex eine verlustreiche Homogenisierung und Gleichschaltung der historisch gewachsenen Unterschiede bedeutet.

Ob Turner diese von ihm beobachtete und mitvollzogene Weltveränderung begrüßt oder abgelehnt hat, möchte ich als zweitrangig ansehen. Er sieht sie jedenfalls in ihren weltverändernden Dimensionen! Das macht ihn zu einem wichtigen epochalen Zeugen. Und er bildet in dieser neuen Welt Gegenmomente und Korrektive aus, die uns noch heute ansprechen können.

Turner als Reisender – Interesse an der Verschiedenheit der Gegenden

Im Gegensatz zu seinem Zeitgenossen Constable, der sich kaum von seinem angestammten Ort entfernt hat, ist Turner von Anfang an ein Reisender in England und dann durch ganz Europa gewesen. Dabei hat er sich oft sehr schnell von Ort zu Ort bewegt und dazu auch die neuen technischen Verkehrsmittel wie die Eisenbahn und die Dampfschiffe gerne benutzt. (vgl. Wagner, S. 24). Seine Reisetagebücher mit ihren zart-hingeworfenen atmosphärischen Aquarellen und Zeichnungen gelten uns heute als Inbegriff der Modernität Turners. Das Aquarell (und Gouache) „Flussufer" nach 1830 kann als Beispiel gelten (Abb. 6, s. S. 170). In solchen Reisenotizen sieht man den Wandel vom „Gegen-

Abb. 6: William Turner, Flussufer, Aquarell und Gouache, nach 1830

ständlichen" zur „Impression" einer flüchtigen Gesamtatmosphäre vor-
gebildet (Impressionismus). Und die oft sehr weit getriebene Verflüch-
tigung des Landschaftlichen zu reinen Farbschleiern gilt als Vorbereitung
der „Abstraktion". Aber selbst dann bleibt die Dimensionierung von
Erde und Himmel, Sonnenlicht und Erdschatten, die Suggestion eines
irdisch-landschaftlichen Raumes und dessen Verschmelzen erhalten.
Und Turner bleibt leidenschaftlich interessiert an der Verschiedenheit
der Atmosphären an den Orten und Landschaften, die er bereist. Darin
möchte ich ein Gegenmoment zur Homogenisierung von Raum und
Zeit und zur Vereinheitlichung unserer Welt sehen. Gegenüber der Ten-
denz zur neutralisierenden Objektivierung hält er an der anschaulichen
Wahrnehmung unter den Bedingungen der neuen Zeit fest. Es ist die
Wahrnehmungsweise des Durchreisenden, des panoramatischen Sehens,

der flüchtigen Impression im summarischen Überblick. Man könnte ihn mit dem touristischen Weltbezug in Verbindung bringen, der ja als Begleiter und Gegenzug zur homogenisierenden Moderne sich weltweit ausgebreitet hat.

In der Tat gibt Turner „nie den Ort selber (mit seinen objektiven Gegebenheiten), sondern dessen Eindruck auf ihn" wieder (Wagner, S. 52). Beklagten zeitgenössische Reisende, dass man von den zu schnell fahrenden Verkehrsmitteln aus das Pittoreske der Landschaftsbilder nicht mehr genießen könne, lässt sich Turner gerade auf die flüchtige Wahrnehmung ein. Selbst die fest gefügten Gebäude verschwimmen zu vorbeifließenden Eindrücken. Mit einem Farbstrich ist auf dem Aquarell ein Dorf mit Kirchturm kaum unterscheidbar von dem Farbgewoge hingelagert. Auch seine Arbeitsweise war sehr schnell. Vor allem an seinen Flussbildern lässt sich erkennen, wie Monika Wagner besonders sinnfällig herausgearbeitet hat, dass Turner an einer Bildwerdung des Weges, des „Unterwegsseins" (auch in der Wahrnehmungsweise) interessiert ist (Wagner, S. 27ff). Dem kommt ja seine Vorliebe für das Flüchtige, Transitorische, Ungreifbare und Bewegte sehr entgegen. Auch darin möchte ich einen immanenten Gegenzug zur objektivierenden Weltberechnung im wissenschaftlich-technischen Weltzugriff sehen.

Kontrast von romantischer Unendlichkeit und horizontumgrenzter Endlichkeit in der Moderne – Caspar David Friedrich und Lyonel Feininger

Die malerische Realisation „romantischer Unendlichkeit" verbindet sich vor allem mit den Bildern Caspar David Friedrichs (1774 – 1840). Besonders sein Gemälde: „Mönch am Meer" (Abb. 7, s. S. 172) demonstriert diesen Überstieg über das endlich Sichtbare ins unendlich Unsichtbare und die Begegnung beider Dimensionen im Bild. Schon die Erdwirklichkeit wird völlig reduziert und leer wiedergegeben. Dies führt jedoch dazu, dass die Bildwirklichkeit als solche transzendiert wird, wie man im Kontrast zu einem vergleichbaren Motiv in einem

Abb. 7: Caspar David Friedrich, Der Mönch am Meer, 1808 – 10

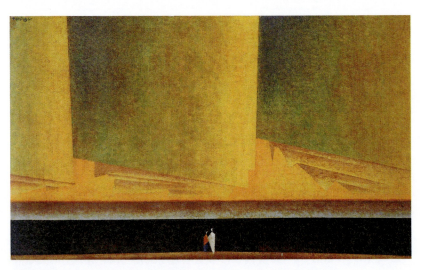

Abb. 8: Lyonel Feininger, Wolken überm Meer II, 1923

Gemälde der klassischen Moderne von Lyonel Feininger: „Wolken überm Meer", sehen kann (Abb. 8, s. S. 172). Schon ein erster Blick auf beide Bilder wird die Verwandtschaft des Motivs und den Unterschiede der Darstellungsweise offensichtlich werden lassen. In beiden sind Mensch und Erde der Weite des Meeres und des Himmels konfrontiert. Doch welcher Unterschied in der Gestaltung dieser kosmischen Dimensionen! In Friedrichs Gemälde dräut ein ungreifbar bedrohlicher Himmel abgründig aus einer unfassbaren Unendlichkeit herein. Bei Feininger wirkt dieser Himmel in goldenen Bahnen begrenzend für den Bildraum und schneidet die Perspektive ins Unendliche ausdrücklich ab. Friedrich transzendiert den Bildraum. Feininger bestätigt ihn dagegen ausdrücklich, indem er sogar den sonst durchsichtigen Himmel mit fast stofflichen Bahnen verhängt. Doch ist auch dieser Himmel in seinem goldgelben Ton, der sich überall ausbreitet, durchleuchtet von einem Licht, das nicht im Bescheinen der Dinge aufgeht.

Diesem grundlegenden Unterschied zwischen „romantischer Unendlichkeit" und „horizontumgrenzter Endlichkeit" entsprechen auch andere Elemente der Bilder. Bei Friedrich ragt der Erdball in einer fahlen Färbung, ungreifbar und öde in die Bildfläche hinein; zu den Rändern hin so gestaltet, dass er über den Bildrand hinausstrebt. Bei Feininger ist nicht nur der Himmel, sondern auch die Erde durch ihre Anbindung an die Bildoberfläche und die fast geometrische Eingliederung in das Rechteck des Bildes fest mit dem Bildgefüge verbunden. Ist ein weltabgewandter Mönch bei Friedrich wie verirrt jenseits seines Klosters an diesem Strand einsam unterwegs, so steht ein Paar bei Feininger in bunten Kleidern in der Mitte des Erdbereiches in ruhigem Betrachten dem Himmel gegenüber. Bei Friedrich bestätigt die Kleinheit der Figur die Unermesslichkeit des Raumes. Bei Feininger werden die ebenfalls winzigen Figuren durch ihre Mittelposition, durch ihre Farbigkeit und ihre Flächigkeit im Bildraum bedeutsam und stark gemacht. In dem einen Fall ist es bezeichnenderweise ein einzelner ausgesetzter Mensch in einem unendlichen Raum, in dem anderen ein allseits verbundenes Paar in freundlicher Nähe zueinander im Angesicht einer bezaubernden Welt.

Einsam vor dem Unendlichen

Wenden wir uns nochmals einem berühmten Gemälde C. D. Friedrichs von 1818 zu: „Der Wanderer über dem Nebelmeer" (Abb. 9, s. S. 175). Auffällig ins Zentrum gerückt ist der einsame Betrachter dieser Hochgebirgslandschaft. Wir schauen ihm in den Rücken und sollen so in seine Sicht hineingenommen werden. Die er aber auch verstellt. Er ist auf den höchsten Gipfel gestiegen und ragt in den offen Himmel mit einem Blick in eine verschwimmende Unendlichkeit. Der Berg und er selbst sind fast substanzlos silhouettenhaft im Gegenlicht gegeben. Er kommt in gewissem Sinne aus einem Schatten- in ein Lichtreich. Sein Gehrock und sein Wanderstab weisen ihn als einen bürgerlichen Zeitgenossen aus. Vermutlich ist es der Maler selbst. Er ist kein mythischer oder geschichtlicher Akteur, wie in den Gemälden von Lorrain und Turner. Erinnert man sich an Friedrichs berühmtes Altar-Gemälde „Kreuz im Gebirge", so steht er an der Stelle auf dem Gipfel des Berges, auf dem dort der gekreuzigte Gottessohn von der untergehenden Sonne (Gott-Vater) weit über dem Betrachter vergoldet wird. Hier tritt ein bürgerlicher Mensch in platzgreifender Nahsicht an seine Stelle. Es wird deutlich gemacht, dass er in vollkommener Einsamkeit dort steht. Was er sieht, ist nicht die unter ihm ausgebreitete Welt der Erdbewohner, sondern eine diffuse, nach allen Richtungen sich ausbreitende Weite, die über die Bildbegrenzungen bewusst hinausgeht. Er schaut in eine unendliche Weite über den Wolken.

Religion ist Geschmack für das Unendliche, sagt sein Zeitgenosse Friedrich Schleiermacher. Bei diesem manifestiert sie sich jedoch in einem offenen, unendlichen Gespräch der Menschen in persönlicher Geselligkeit. Der „Wanderer" (zwischen zwei Welten) hat diese Menschenwelt verlassen und steht einsam und allein vor einer unfassbaren Unendlichkeit. Die einstige Verbundenheit der Menschen im Glauben an eine göttliche Transzendenz wird bei Friedrich nostalgisch vermisst in den Ruinenbildern gotischer Kathedralen des Mittelalters. Sie erheben sich verlassen in oft unwegsamen Gebirgslandschaften und stehen – wie in diesem Gemälde – auf der Grenze zwischen einem

Abb. 9: Caspar David Friedrich, Der Wanderer überm Nebelmeer, um 1818

schattenhaft öden Diesseits und einer heraufdämmernden Lichtwelt (Abb. 10, s. S. 176). Wie bei Petrarca erinnert ihn die Gipfelerfahrung an die Heimatlosigkeit des Menschen in der empirischen Wirklichkeit und weist hinüber in eine unfassbare Transzendenz. Aber bei Petrarca war es der Beginn einer Epoche, in der der Mensch die Welt im Lichte

seiner idealen Konstruktionen erschloss und verschönerte (vgl. Lorrain).
Jetzt fühlt er sich von der Welt entfremdet und erleidet den Weltverlust
in unstillbarer Sehnsucht. Die romantische Sehnsucht möchte die zum
Mechanismus entzauberte Welt, wie sie sich der zeitgenössischen Naturwissenschaft darstellt, transzendieren, ohne diese Transzendenz noch
als sozialen Lebensmittelpunkt erfahren zu können. Friedrich stellt das
weltüberlegene Subjekt dar und erleidet zugleich schmerzlich dessen
Weltverlust. Turner dagegen kann zum Zeitgenossen der aufkommenden
Moderne werden, indem er eine alles vereinende Energie (Dynamik)
im Einklang mit der zeitgenössischen Naturwissenschaft als Grundlage
aller Erscheinungen und Tätigkeiten verherrlicht.

Abb. 10: Caspar David Friedrich, Kreuz im Gebirge, um 1812

Claude Monet – Die Wahrnehmung der Erscheinungen

In was für eine andere Bild-Welt treten wir mit einem Gemälde von Claude Monet (1840 – 1926) ein! Der Bewegung, der er zugehört, hat er mit dem Bildtitel „Impression" ihren gängigen Namen verliehen. Er sagt schon das Entscheidende. Es geht nicht mehr um eine allumfassende Weltdeutung, sondern um den unmittelbaren Eindruck, den die Außenwelt für unser Sehen macht. Die wahrnehmende Beziehung zur Welt wird entscheidend zu einer Zeit, in der eine erklärende, wissenschaftlich objektivierende Hinterfragung der Erscheinungen die Oberhand gewinnt. Treffend zum Ausdruck gebracht hat dies Monet in dem Spruch: „Das Sujet ist für mich von untergeordneter Bedeutung; ich will darstellen, was zwischen dem Objekt und mir lebt" (zit. Keller, S. 28). So malen die Impressionisten draußen in der Natur. Erstmals zieht das empirische Sonnenlicht mit seinen tages- und jahreszeitlichen Unterschieden in die Malerei ein, hellt alle Farben auf und realisiert den offenen atmosphärisch durchlichteten Raum der sichtbaren Welt. Die Freude an den Schönheiten einer sich sinnlich darbietenden Überfülle der Natur beschwingt Monets Werke. Bis dahin, dass er sich in Giverny einen überreichen Garten angelegt hat (Abb. 11).

Abb. 11: Claude Monets Wassergarten in Giverny mit Seerosenteich und japanischer Brücke

Abb. 12: Claude Monet, Der Sommer / Felder im Frühling, 1887

Die Welt als Garten, ein Ideal, dem ich selber gerne nachdenke. In einem solchen treffen menschliche Gestaltung und eigenständige Natur zur Realisierung beider Pole aufeinander und bilden eine „zweite Natur". So lieben die Impressionisten die Begegnung des großstädtischen Menschen mit der ihm freundlich sich öffnenden Landschaft (Natur).

Ein typisches Gemälde von 1887 mag ein Beispiel dafür geben: „Der Sommer/Felder im Frühling", (Abb. 12). In der Bildmitte, am Rande einer Baumhecke ergeht sich eine gut gekleidete Dame mit Hut und Sonnenschirm inmitten einer hochgewachsenen Wiese. Fast versunken in den Feldern vor einem himmeloffenen Tiefenraum vermutlich ein Mann, vielleicht aber auch ein Kind. Alles in flimmernde Bewegtheit der farbigen Pinselstriche getaucht. Das Geheimnis einer durchgängigen luftig tagfrohen Atmosphäre beruht nicht nur auf diesem Flimmern, sondern auch auf dem durchgängigen Nebeneinander der Hauptfarben Blau, Grün und Gelb. Luft und Licht, lichte Klarheit und erregtes Flimmern, Weite und Nähe im Raum vereinigen sich zu einem herrlichen Tag. Die Frau nimmt alle Farben auf und wird in einer Größe gegeben, die sie uns in diesem weiten Raum, trotz ihrer Nähe zu uns erstaunlich fern erleben lässt. Sie ist in diesen belebten Licht-Luftraum eingetaucht. Auch hier geht es weniger um eine ästhetische Ansicht oder Distanz, sondern um ein Versetztwerden ins „Freie" des Naturraums. So wird hier der Naturraum zur befreienden Ergänzung großstädtisch-gesellschaftlichen Lebens. Oft ist es ein Picknick im Freien, was dargestellt wird. Auf Monet trifft am ehesten zu, was Ritter der gesamten Landschaftsmalerei unterstellt. Dass sie nämlich notwendige Kompensation und Ergänzung der naturwissenschaftlich-technisch geprägten Moderne sein will und soll, aber nicht deren Kritik oder Überwindung.

Monet nimmt in seinen Stadtansichten oder seinen Gemälden von Bahnhöfen mit dampfenden Lokomotiven die moderne Welt ganz unbefangen wahr und ergänzt sie mit solch wunderbaren Ausflügen in die freie Natur. Aber auch in den Bahnhofsbildern überwiegt die Liebe zu den flüchtigen Eindrücken und atmosphärischen Phänomenen, das Interesse an der technischen Maschinerie und deren Präzision (Abb. 13).

Abb. 13: Claude Monet, La Gare Saint-Lazare, Arrivé d'un Train, 1877

Augenblicke der Epiphanie (Marcel Proust)

Mit guten Gründen bezieht sich Umberto Eco in seinem Werk über die Schönheit auf eine Künstlergestalt in Marcel Prousts Werk: „Auf der Suche nach der verlorenen Zeit", um das Wesen der Impression zu erschließen. Sie „schildert die Dinge, wie sie uns im ersten, im einzig wahren Augenblick erscheinen, in dem unser Verstand noch nicht eingegriffen hat, um uns zu erklären, was die Dinge sind, und in dem wir noch nicht an die Stelle des Eindrucks, den sie auf uns gemacht haben, die Begriffe setzen, die wir von ihnen haben" (Eco, S. 356). Diese Wahrnehmungsweise bildet ein beeindruckendes Korrektiv zu den zeitgenössischen entweder weltanschaulichen oder naturwissenschaftlichen Gesamterklärungen des Kosmos. Ein solcher Augenblick der Epiphanie einer wie nie zuvor realisierten Welt hat wohl auch mich in Italien erfasst. In einer Epoche, in der sich die Zeitgenossen am liebsten in Historienbildern als heroische Gestalter der Geschichte feiern möchten oder in klassizistisch idealisierten Interieurs mit weiblich-mythischen Schönheiten, haben diese Gemälde als banal empfundenen, einer ins Tageslicht getauchten Welt heftigen Widerstand erregt. Heute sind sie für die meisten zum Inbegriff eines freundlichen, uns zugewandten

Abb. 14: Claude Monet, Waterloo Bridge, London, rosa Licht, 1904

Gartens der Natur geworden. Nicht ohne die Gefahr eines nur noch ästhetischen, touristischen Blicks auf die Schönheiten einer Natur, mit deren Schrecken und Abgründen wir nicht mehr leben müssen.

Das Problem dieser nur noch impressionistischen Malweise liegt wohl darin, wie es Cézanne gesehen hat, dass sie den Bildbau und damit das Gefüge der Welt und seine gesetzlichen Strukturen ins Atmosphärische auflöst, wie z. B. auf dieser späten, von Turner beeinflussten „Waterloo Bridge" von 1903 (Abb. 14, s. S. 180). Im Unterschied zu Turner wird hier keine Deutung der Welt im ganzen mehr angestrebt, sondern ihre Einheit in einer gänzlich verschwimmenden Atmosphäre gesucht. Nicht mehr jedoch in unendlicher Jenseitigkeit wie bei Friedrich, sondern in lichter Diesseitigkeit. In und mit der Impression hat Monet zuletzt ein Motiv entdeckt, das dennoch seinen Weltbezug im ganzen zu spiegeln vermag. Ich meine seine so beliebten Seerosenbilder.

Welt-Spiegelung in den Seerosenbildern Monets

Bewusst habe ich eines der Seerosenbilder ausgesucht, auf denen die Elementarbezüge, die sich in der Spiegelfläche des Wassers abbilden, noch gegenständlich erkennbar sind (Abb. 15, s. S. 182). Am oberen Bildrand sieht man noch den Ansatz der Uferböschung, deren Fortsetzung sich jedoch nur noch im schattenhaft grünbraun-erdfarbenen Spiegelbild zeigt. In dieser Region wachsen noch Wasserpflanzen über die Fläche hinaus in den realen Luftraum. Der Himmel jedoch erscheint mit zwei abgegrenzten Wolken nur noch als Widerschein auf der Wasserfläche. Sie holen den weiten Himmelsraum ins Bild hinein. Das Wasser nimmt seine himmelblaue Färbung an. Ein Austausch! Entscheidend nun für alle Nympheas-Gemälde sind die Seerosen, wie sie mit ihren schwimmenden Blättern die spiegelblanke Oberfläche des unfassbaren Wassers über seiner verborgenen Tiefe (Abgründigkeit) erschaffen und mit ihren Blüten an dieser Grenze dem Luftraum und dem Licht entgegenwachsen. Die Tiefe des Wassers selbst bleibt unerschlossen, nimmt aber in der Umkehrung der Widerspiegelung die Räumlichkeit der „Oberwelt" auf. Das Licht-Leichte nun unten, das

Abb. 15: Claude Monet, Nympheas, Paysage d'eau, Les Nuages, 1903

Erdhaft-Schwere nun oben. Manche Betrachter damals meinten, das Bild hinge auf dem Kopf. Man beachte, wie der ganze Bogen der Seeroseninseln dem Gefälle der Spiegelungen entgegen schwebt und ihre Senkrechten in Schwingung bringt. Die Spiegelfläche als Manifestation der Malerei ermöglicht den Austausch von Himmel und Erde, von Fläche und Raum, von Realität und Spiegelbild, von Bildbau und frei schwingender Bewegung. Die Blüten der Seerosen feiern diese Weltbezüge auf der Grenze zwischen dem Licht- und dem unsichtbarem Wurzelreich. Hier ist eine Welterfahrung gemalt, die uns nahebringen kann, was Goethe meinen könnte, wenn er im Zeitalter der erklärenden, ergründenden und berechnenden Weltausrechnung uns auffordert, bei den Phänomenen (der Wahrnehmung) zu bleiben.

Wo kommen aber wir, die Betrachter, hier vor? Uns wird kein Ufer als Standort angeboten. Wir gehen auf im Bilden dieses Welt-Raumes aus seinen Bezügen. In den die „Elemente" zusammenführenden Spiegelungen und in der atmenden Leere und Weite tut sich unser weltoffener Bewusstseinsraum auf. Wir sind hier außerhalb unserer selbst (als Subjekte) im Offenen der Welt. Die späten, weite Wände füllenden Seerosenbilder verwehren uns sogar den möglichen Überblick. Alles durchdringt sich ununterscheidbar, unberechenbar, unermesslich. Wir können nur noch an verschiedenen Stellen eintauchen in diese unser Sehfeld und unsere ordnende Vernunft übersteigende Bild-Welt. Ein Fanal in einer Geschichtswelt, die sich der Weltausrechnung und Weltausbeutung verschrieben hat und in der Mathematisierung das hintergründig Beständige (Gesetzliche) jenseits der Erscheinungen sucht.

Vincent van Gogh: Existentielle Welterfahrung im Raum unseres sterblichen Daseins

Kann man Monet als Korrektiv und Ergänzung und Turner als Verklärer moderner wissenschaftlich-technischer Welterschließung sehen, so treffen wir mit van Gogh auf einen Maler, der den Zwiespalt der Epoche an sich selbst erlitten und vielleicht sogar transzendiert hat (1853 – 1890). Nach einer großstädtischen Lehrzeit im Kunsthandel in London ist er als christlicher Laienprediger in die ersten industrialisierten Kohlereviere des Borinage gegangen (1880). Dort hat er in so radikaler Weise die Armut der Menschen geteilt, dass ihn die Missionsgesellschaft wegen dieser Radikalität abberufen hat. In der Frühzeit hat

Abb. 16: Vincent van Gogh, Bauer und Bäuerin beim Kartoffelsetzen, 1885

er Zeugnis abgelegt für die Schwere der körperlichen Arbeit, die der zur Ernährung notwendige Ackerbau den armen Menschen abverlangt (Abb. 16, s. S. 183). Dennoch sind diese Menschen mit ihrer schweren Arbeit verwachsen und werden in ihrer Armut gewürdigt. Einen größeren Gegensatz zu den leichtlebigen Großstädtern und ihrer genießenden Naturerfahrung bei Monet lässt sich kaum denken. Und dennoch hat van Gogh von den Impressionisten gelernt und uns in den letzten Lebensjahren die Intensität der Landschaften im Süden Frankreichs sehen lassen (1883 – 1889).

Die Frage ist, was ist anders bei ihm? Und wie hängen sein Mitleiden mit der Weltverwüstung in den neuen Indurstriegebieten und diese Art der Menschen- und Naturerfahrung zusammen. Eine Antwort auf die erste Frage wäre für mich, dass er ein durch und durch existentieller Maler ist, der die Schicksals- und Erdenschwere unserer Existenz durchlebt und landschaftlich manifestiert. Die Antwort auf die zweite Frage wäre für mich, dass er einer zunehmenden Weltentfremdung und Weltverflüchtigung in der aufkommenden Industriegesellschaft eine nie dagewesene Intensität der Weltwahrnehmung entgegensetzt. Wie in ein blendendes Licht getaucht erscheinen die Kornfelder in dem Gemälde „Der Schnitter" von 1889 (Abb. 17, s. S. 185). Aus einem Brief weiß man, dass der Maler beim Schnitter auch an den Tod gedacht hat. Wer ist nicht fasziniert von der Heftigkeit seiner Farben und konvulsivischen Linienführung sowie von seinem grob gestrichelten Pinselduktus? Nicht von der Glut in der Gesamtwirkung seiner späten Landschaften?

Das war auch der erste Eindruck bei denen, die seine Bilder nach seiner völligen Erfolglosigkeit zu Lebzeiten in ihrer Bedeutung erfahren haben. Zu ihnen gehörten Hugo von Hoffmannsthal und der bedeutende Kunsthistoriker Julius Meier-Graefe. In: „Die Briefe des Zurückgekehrten" (1907; datiert April 1901) lässt Hugo von Hofmannsthal einen weltweit gereisten Kaufmann an der gleichgültigen Öde seines modernen Hotelzimmers und seiner leerlaufenden Mitwelt in Deutschland verzweifeln. „Sie sind ernsthaft, sie sind tüchtig, sie arbeiten wie keine Nation auf der Welt, sie erreichen das Unglaubliche – aber es ist keine Freude unter ihnen zu leben" (Hofmannsthal, S. 482), so „daß mir in

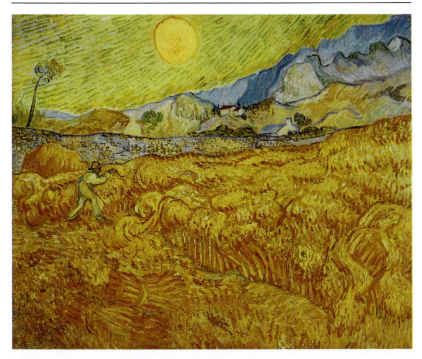

Abb. 17: Vincent van Gogh, Der Schnitter, 1889

Salons dahier und Baquettsälen und Konferenzsälen manchmal vor
Unbehagen übel wird" (S. 485), Sie seien von einer solchen „Unruhe
der Möglichkeiten" erfasst, dass nichts wie „aus einem Guß" sich zeigt
(S. 484), „weil ihr Ganzes auch nirgends drin ist, weil sie in Wahrheit
nirgends sind". Das färbt auf ihre ganze moderne Umgebung ab. Bezeichnenderweise auf einer Eisenbahnreise nimmt er das vorbeifliegende
Land wie eine gespensterhaft nichtige „Unwirklichkeit" wahr (S. 493).
Es fehlt eine leidenschaftliche Lebendigkeit, die er sonst überall auf
der Welt noch in den ärmlichsten Verhältnissen gefunden hat (vgl. S.
478 u.a.). „Ein Atem nicht des Todes, sondern des Nicht-Lebens" (S.
492): „wie sie das Leben selber vergessen über dem, was nichts sein
sollte als ein Mittel zum Leben" (S. 494). Gesichter, die von nichts anderem „geritten werden als von ihrem Geld" (S. 494). Daran verzweifelt
er! Bis er in einer Galerie auf Gemälde eines unbekannten Malers van
Gogh stößt. Ganz ergriffen wird er von „der Wucht ihres Daseins", die

die einfachsten Dinge und Menschen bei ihm über einem Abgrund von Schmerz ausstrahlen: „die Natur in ihnen, und die menschliche Seelenkraft, die hier die Natur geformt hat, und Baum und Strauch und Acker" und darin „das unbeschreiblich Schicksalhafte" … „aus einem fürchterlichen Zweifel an der Welt heraus geboren" (S. 495).

Als beeindruckendes Beispiel für seine kosmisch-schicksalhafte Welt- und Bilderfahrung bietet sich das berühmte Gemälde „Zypressenweg unter dem Sternenhimmel" von 1890 an (Abb. 18, s. S. 187).

Für den hochgebildeten und in der ganzen Kunstgeschichte bewanderten Julius Meier-Graefe steht einerseits fest, dass er vor deren Maßstäben nicht zu den besten Malern gehört, aber etwas hat, dem er sich nicht entziehen kann und möchte (Meier-Graefe, Das Fest der Farben, vgl. S. 375f u.a./ vgl. auch: Ders.,„Vincent van Gogh, S. 172). Was ihn vor allen auszeichnet, sei seine „Hingabe" (van Gogh, S. 173). Speziell dieses Gemälde scheint dem Kunstgeschichtler Julius Meier-Graefe eine „Liebesgeschichte der Landschaft" zu sein (van Gogh, S. 173). Etwas übertrieben vielleicht spricht dieser Gelehrte von einem „Exzess" in dessen Malweise: „er war eins mit dem Element, das er darstellte, malte sich selbst in den lodernden Wolken, in denen tausend Sonnen der Erde Zerstörung drohen, in den entsetzt zum Himmel aufschreienden Bäumen" (S. 371). Und dennoch findet sich eine ordnende Kraft in diesen Gemälden, „die ein Paroxysmus der Naturerfassung entstehen ließ" (S. 371) und den Dingen „eine seltene Pracht der Materie verleihen" (Fest der Farben, S. 372). Meier-Graefe betont mir zu sehr die Selbstexpression des Künstlers. Ich meine, er hat zuerst die wunderbar-erschreckende Daseinsmacht der Welt im Raum des menschlichen Schicksals zur Sprache gebracht. Die Natur wird nicht vergegenständlicht, nicht ästhetisch aus Distanz genossen, nicht dem Auge als objektive Außenwelt präsentiert. Sie ist kosmisch belebter Erfahrungsraum im Horizont des sterblichen Geschicks des Menschen. Eine Erde unter dem alles überragenden Himmel für Erdbewohner. Die schicksalsbewusste und weltfromme Lebenseinstellung eines Sterblichen entdeckt die ungeheure Daseinsmacht der Natur als den uns überragenden Lebens- und Erfahrungsraum.

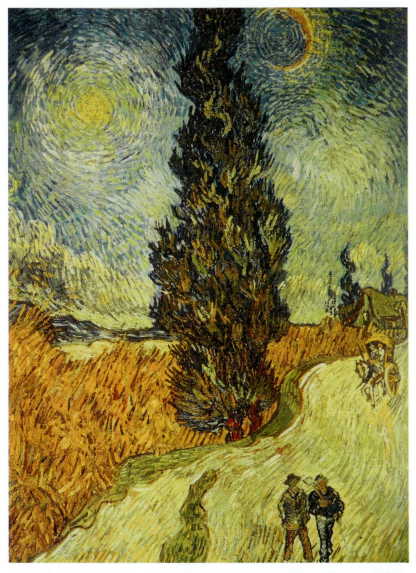

Abb. 18: Vincent van Gogh, Zypressenweg unter dem Sternenhimmel, 1890

Wenden wir uns diesem Gemälde zu, in dem der Weg der Menschen mit einem kosmischen Naturerleben verbunden wird. Es wird nicht schwer fallen, die erwähnten Grundzüge seiner Malerei wieder zu erkennen. Man beachte, wie hier der Himmel und die im Gold des reifen Korns prangende Erde sowie die gen Himmel züngelnde Zypresse die gleiche materiell fühlbare Intensität haben. Nur der Weg und das wandernde Menschenpaar haben etwas Leichtes und Flüssiges. Nichts wirft einen Schatten, das Dunkel ist den Farben beigegeben und steigert ihre glühende Intensität. Auch der Himmel gehört zu einer in sich selbst glühenden, von heftigen Pinselstrichen durchgängig erregten Welt. Räumlich und von der Dichte her hat ihn der Maler der Erde angenähert. Nichts mehr von der Weltüberwindung und luziden Transzendenz bei C.D. Friedrich, aber auch nichts mehr von der heiteren Leichtigkeit des Natureindrucks bei Monet. Van Gogh vergegenwärtigt die Gestirne Sonne und Mond gleichzeitig als kreisende kosmische Energien, die alles durchpulsen. Sie sind jedoch nicht in eine unendliche Ferne gerückt wie bei Friedrich, sondern bedrängen durch dynamische Näherung.

Und dennoch eine einfache und machtvolle Gliederung durch die Horizontale und mittige Vertikale; durch die belebende, aber zu gleichen Teilen trennende Diagonale des Erdbereichs; durch die konzentrischen Kreise der Gestirne. Diese kosmische Natur überragt – schon allein von den Anteilen an der Fläche her – die zur Seite gedrängte Menschenwelt. Eine ärmliche Hütte am äußersten Rand. Eine Bauernkutsche mit Pferd und einem Menschenpaar ... gerade ins Bild gefahren; am unteren Rand, aus ihm herausgehend, zwei Männer in Arbeitskleidung mit Spaten. Der fließend gegebene Weg liegt offen und frei vor ihnen. Sie scheinen das Naturspektakel nicht zu gewärtigen. Der Künstler ist es, der den ganzen Kosmos, in dem wir leben, uns nähert. Er lässt uns, die Betrachter, über dessen Majestät, machtvolle Turbulenz und abgründige Fremdheit staunen und erschrecken.

Letzteres zeigt sich in einem grandiosen Nachtbild: „Die Sternennacht, Zypresse und Dorf" von 1889 noch eindrücklicher (Abb. 19, s. S. 189). Die menschlich bewohnbare, bei Monet verherrlichte Welt des Tages ist in ein blauschwarz-prangendes Dunkel getaucht, stürmisch überrollt von einem kosmischen Räderwerk, das im Dunkel der Weltnacht grandios in Erscheinung tritt und uns nahe rückt. Züngelnd beantwortet von einer aus dem Abgrund aufschießenden Zypresse, so

Abb. 19: Vincent van Gogh, Die Sternennacht, Zypresse und Dorf, 1889

dass uns ein direkter Zugang ins Bild versperrt wird. Wir können dieser Welt nicht in eine erlösende Transzendenz entkommen, wie bei Friedrich, höchstens in ihrer beeindruckend diesseitigen Majestät eine höhere Mächtigkeit spüren. Van Gogh hat uns die blühende Explosion dieser Macht in ihren Erscheinungen erschlossen. Man stelle sich der Fülle seines „Blühender Garten mit Pfad" von 1888 (Abb. 20).

Abb. 20: Vincent van Gogh, Blühender Garten mit Pfad, 1888

Abb. 21: Vincent van Gogh, Getreidefeld mit Mohnblumen und Rebhuhn, 1887

Eine heitere, weltfrohe Erfahrung unserer Erde ermöglicht das Gemälde „Getreidefeld mit Mohnblumen und Rebhuhn" von 1887 (Abb. 21). Der erste und letzte Eindruck bietet einem eine wogend bewegte Zusammenkunft von Erde und Himmel, Luft und Licht, Boden und Aufwuchs, Schwerkraft und Aufflug. Ein Rebhuhn über einem Kornfeld. Aus einer Untersicht gegeben, erhebt sich dieser Vogel knapp über das aufwachsende Kornfeld, in dem er zu Hause ist. Hinein in ein frohluftiges Blau eines leicht bewölkten Himmels. Die ihn tragende Luft ist überall spürbar und bewegt das Getreide im Wind in Gegenbewegung zur Erde des Ackers. Der Vogel verkörpert und manifestiert diesen Austausch zwischen Himmel und Erde, lichter Offenheit und irdisch begrenzter Sicht. Der Vogel ist dieser Austausch. Das Rot des Mohns belebt das Grün des Kornfeldes durch komplementären Kontrast auf ebensolche Weise. Eine schlichte Welt, in der der Mensch durch das Feld als säender und ordnender Ackerbauer präsent ist, der durch das Bild in das Reich der Elemente gestellt wird. Man ist hier Draußen im Wirken der Elemente, (nicht mehr eingesperrt in seine Bewusstseinswelten).

Zum Abschluss soll ein Gemälde von 1888 sprechen, mit dem sich an Turner anschließen lässt: „Weizenfeld mit Blick auf Arles" (Abb. 22). Ein riesiges Kornfeld, das die Glut des Himmels aufgenommen hat. Die Silhouette einer schon leicht industrialisierten Wohnstadt der Menschen bildet nur eine schmale zerteilende Zone zwischen Himmel und Erde. Und vor ihr, die Horizontale verstärkend, ein winziger Eisenbahnzug mit seiner Dampffahne. Die erntenden Bauern sind räumlich und farblich der Stadt zugeordnet. Die technische Eisenbahn ist in diesen Kosmos noch eingebaut. Nicht wie bei Turner diese begrenzte Welt durchrasend, überfahrend und die Elemente in energiegeladener Geschwindigkeit auflösend, hoch über der Lebenswelt der schaulustigen Kirchgänger. Van Gogh rettet eine nun untergehende Welt ins Bild. In ihr werden die technischen Infrastrukturen an die Stelle der Erdwirklichkeit treten: Anthropozän.

Abb. 22: Vincent van Gogh, Weizenfeld mit Blick auf Arles, 1888

Literatur

Eco, Umberto, Die Geschichte der Schönheit, dtv, München 2006, Kap. XI, Das Erhabene, S. 275ff.

Hofmannsthal, Hugo von, Ausgewählte Werke in zwei Bänden, Fischer Ffm. 1957, Erster Band, Erzählungen und Aufsätze, Die Briefe des Zurückgekehrten, S. 475 – 501.

Keller, Horst, Ein Garten wird Malerei, Monets Jahre in Giverny, DuMont Köln 1982.

Meier-Graefe, Julius, Das Fest der Farben. Über Malerei von Delacroix bis van Gogh, Fourier Wiesbaden.

Meier-Graefe, Julius, Vincent van Gogh, in: Grundstoff der Bilder, Piper München 1959, S. 169 – 183.

Rahn, Dieter, Das Auge der Malerei, in: Ende der Geschichte, Abschied von der Geschichtskonzeption der Moderne?, Parabel, Schriftenreihe des Evangelischen Studienwerks Villigst Bd. 5, Münster 1986, S. 113 – 130.

Ritter, Joachim, Subjektivität, Bibliothek Suhrkamp, Ffm. 1974, S. 141 – 163.

Schivelbusch, Wolfgang, Geschichte der Eisenbahnreise, Zur Industrialisierung von Raum und Zeit im 19. Jahrhundert, Ullstein Materialien, München 1977.

Wagner, Monika, William Turner, CH. Beck München 2011.

Abbildungsverzeichnis und -nachweise

Abb. 1: Claude Lorrain, Landschaft mit der Vertreibung von Hagar und Ismael, 1668. Aus: Claude Lorrain. Die verzauberte Landschaft, Martin Sonnabend und Jon Whiteley, Hatje Cantz, 2012, Bildarchiv Preußischer Kult, (c) bpk/Hamburger Kunsthalle/ Elke Walford.

Abb. 2: Claude Lorrain, Einschiffung der Königin von Saba, 1648, National Gallery London.

Abb. 3: William Turner, Dido erbaut Karthago, 1815, National Gallery London (Foto). Aus: Jeremy Lewison, Turner Monet Twombly, Hatje Cantz 2011.

Abb. 4: William Turner, Sturz einer Lawine in Graubünden (Hütte, von einer Lawine zerstört), 1810, Tate Gallery London. Aus: William Turner, Einleitung von Horst Koch, Berghaus Verlag Ramerding 1977.

Abb. 5: William Turner, Regen, Dampf und Geschwindigkeit – die Great Western Eisenbahn, 1844, Natianal Gallery London. Aus: William Turner, Einleitung von Horst Koch, Berghaus Verlag Ramerding 1977.

Abb. 6: William Turner, Flussufer, Aquarell und Gouache, nach 1830, British Museum London. Aus: William Gaunt, Turner und seine Welt, übers. von Hans Hildenbrand, Gondrom Bayreuth 1980.

Abb. 7: Caspar David Friedrich, Der Mönch am Meer, 1808 – 10, Stiftung Preußischer Kultturbesitz. Aus: Wieland Schmid, Caspar David Friedrich, Dumont Köln, 1992, Foto. Dresden, Deutsche Fotothek.

Abb. 8: Lyonel Feininger, Wolken überm Meer II, 1923, Privatsammlung. Aus: Ulrich Luckhardt, Lyonel Feininger, Prestel München 1998 (2. Aufl.).

Abb. 9: Caspar David Friedrich, Der Wanderer überm Nebelmeer, um 1818, Hamburger Kunsthalle. Aus: Caspar David Friedrich, Kunst um 1800, Hamburger Kunsthalle, 1974, Prestel München 1974.

Abb. 10: Caspar David Friedrich, Kreuz im Gebirge, um 1812, Düsseldorf Kunstmuseum.

Abb. 11: Claude Monet, Der Wassergarten, Collection Roger-Viollet, Paris, Foto: Harlingue-Violet. Aus: Horst Keller, Ein Garten wird Malerei, Monets Jahre in Giverny, DuMont, Köln 1982, S. 90f.

Abb. 12: Claude Monet, Der Sommer / Felder im Frühling, 1887, Staatsgalerie Stuttgart. Aus Unvergängliche Malerei, hrsg. J.E. Schuler, Schuler Verlag Stuttgart 1957, S. 170.

Abb. 13: Claude Monet, La Gare Saint-Lazare, Arrivé d'un Train, 1877,

Privatsammlung. Aus: Robert Gordon, Andrew Forge, Monet, Du-Mont Köln 1982, S. 78.

Abb. 14: Claude Monet, Waterloo Bridge, London, rosa Licht, 1904. Aus: Jeremy Lewison, Turner Monet Twombly, Hatje Cantz 2011.

Abb. 15: Claude Monet, Nympheas, Paysage d'eau, Les Nuages 1903, Privatbesitz. Aus: Claude Monet, Nympheas, Kunstmuseum Basel, Schweizer Verlagshaus, 1986, S. 46.

Abb. 16: Vincent van Gogh, Bauer und Bäuerin beim Kartoffelsetzen, 1885, Kunsthaus Zürich, Aus: Ingo F. Walther/Rainer Metzger, Vincent van Gogh, Sämtliche Gemälde, Band 1, Köln 1992, S. 101.

Abb. 17: Vincent van Gogh, Der Schnitter, 1889, Museum Folkwang (Foto). Aus: Vincent van Gogh, Zwischen Erde und Himmel, Die Landschaften, Hatje Cantz, Katalog Kunstmuseum Basel 2009, S. 251.

Abb. 18: Vincent van Gogh, Zypressenweg unter dem Sternenhimmel, 1890, Otterlo, Rijksmuseum Kröller-Möller. Aus Ingo F. Walther/Rainer Metzger, Vincent van Gogh, Sämtliche Gemälde, Band 2, Köln 1992, S. 632.

Abb. 19: Vincent van Gogh, Die Sternennacht, Zypresse und Dorf, 1889, Aus Ingo F. Walther/Rainer Metzger, Vincent van Gogh, Sämtliche Gemälde, Band 2, Köln 1992, S. 520.

Abb. 20: Vincent van Gogh, Blühender Garten mit Pfad, 1888, Gemeentemuseum Den Haag, Aus: Vincent van Gogh, Zwischen Erde und Himmel, Die Landschaften, Hatje Cantz, Katalog Kunstmuseum Basel 2009, S. 251.

Abb. 21: Vincent van Gogh, Getreidefeld mit Mohnblumen und Rebhuhn, 1887, van Gogh Museum Amsterdam, Aus: Vincent van Gogh, Zwischen Erde und Himmel, Die Landschaften, Hatje Cantz, Katalog Kunstmuseum Basel 2009, S. 185.

Abb. 22: Vincent van Gogh, Weizenfeld mit Blick auf Arles, 1888, Musée Rodin Paris. Aus: Vincent van Gogh, Zwischen Erde und Himmel, Die Landschaften, Hatje Cantz, Katalog Kunstmuseum Basel 2009, S. 217.

5. Anhang

Ansätze zu einem Gesprächsforum: Referenten in Frage und Antwort

Fragen von Prof. Dr. Peter Dörre an Dr. Michael Colsman, „Bewusstsein und Bewusstseinswandel aus interkultureller Sicht"

„Geist und Natur" ist kein Spezies-internes Problem des homo sapiens. Es gab nie eine Evolution des Menschen für sich allein – alles entstand durch Ko-Evolution. Ist dann nicht die „Sphäre des Lebendigen" als „Ganzheit" zu betrachten, an der der Mensch im günstigsten Fall partizipieren kann? Ist der Isolationismus der Spezies homo sapiens, die in ihrem anthropischen Exzeptionalismus sich selbst zu einer „Ganzheit" verklärt und sich von menschengemachten Götter-Popanzen (heute speziell dem „Markt-Popanz") dazu legitimieren lässt, nicht die „Mutter aller Probleme"?

Colsman: Es geht bei dem einführenden Beitrag gerade nicht um einen sich absolut setzenden mental-rationalen Anthropologismus, sondern um dessen Relativierung. Die entsprechende Bewusstseinsintensivierung und -ausweitung kann nicht durch eine Reduktion auf eine biologische „Ganzheit" geleistet werden. Es braucht eine ganzheitsorientierte Wandlung auf allen Ebenen physisch – vital – geistig. Der Mensch kann in der Tat, wenn er sich skrupellos über alles stellt, verheerend wirken. Aber eben deshalb bedarf er auch der Selbsterkenntnis und Wandlung.

„Ausblendungsfunktion" des Geistes: Das erinnert mich an Manfred Spitzer (Lernen: Gehirnforschung und die Schule des Lebens, Spektrum Akademischer Verlag, 2002, S. 52ff). Die Zahl der inneren neuronalen Verbindungen ist mit abgeschätzt 10^{14} um 7 Größenordnungen größer

als die abgeschätzte Zahl 10⁷ der Ein- und Ausgabe-Verbindungen (Sensorik und Motorik). Das heißt, auf jede Nervenfaser, die in die Großhirnrinde hineingeht oder sie verlässt, kommen 10 Millionen interne Verbindungen: anteilig sind das 0,1 ppm Input-/Output-Fasern. Neurobiologisch sind wir vor allem mit uns selbst beschäftigt. Das ist doch auch Konsens in den spirituellen Traditionen?

Colsman: Eine radikale Selbstsuche kann, weise betrieben, über die Beschränkungen des kleinen Ego, den Gegensatz von Ich und Anderen/-em, Subjekt und Objekt sowie Innen und Außen hinauswachsen zur Integration von Universellem.

Fragen von Prof. Dr. Peter Dörre an Prof. Dr. Thomas Görnitz, „Der (Ein!) Weg zur neuen Physik: abstrakte und absolute Quanten-Information"

Sie sagen: Protyposis ist bedeutungsoffene Vorsubstanz. Versuchen Sie da nicht, einen neuen quantenmechanisch angehauchten „Äther" einzuführen – jetzt für die Ausbreitung von „Allem" (pardon: Information)? Der „alte" Äther wurde durch die Relativitätstheorie beerdigt.

Görnitz: Der irreführende Vergleich von Äther mit der Protyposis sollte sich beim Lesen unserer Publikationen von selbst erklären. Trotzdem einige kurze Bemerkungen dazu: Das sogenannte „Ätherproblem" hatte zwei voneinander unabhängige Aspekte, welche durch Einstein mit der Quantenhypothese und durch die Erkenntnisse der Astronomie gelöst worden sind. Der erste betrifft die Frage, wie sich elektromagnetische Wellen ausbreiten können. Der zweite Aspekt, den man mit dem Äther oft nur allein meint, betrifft die Vorstellung, ob im Kosmos ein ausgezeichnetes Koordinatensystem so definiert werden kann, dass man sinnvoll von einer „Ruhe" sprechen kann. Wenn es den Äther gäbe, dann würde ihm das Ruhsystem entsprechen und man könnte in Bezug auf dieses von einer absoluten Bewegung sprechen.

Seit den Maxwell'schen Gleichungen weiß man, dass elektromagnetische Wellen wie z. B. das Licht transversal sind. Wellen transportieren Energie, ohne dabei Materie zu transportieren. Diese war jedoch nach allen damals erwogenen Modellen als Träger einer Welle notwendig (Luft für Schall, Wasser für Wogen), Transversale Wellen kannte man nur in festen Körpern. Der sogenannte „Äther" sollte das Licht und alle anderen transversalen elektromagnetischen Wellen tragen, ohne jedoch die Bewegung z. B. der Planeten im Geringsten zu bremsen. Ein solcher „Festkörper", der zugleich in sich eine ungebremste Bewegung ermöglicht, ist eine sehr merkwürdige Vorstellung. Einsteins Lichtquanten machten den Äther überflüssig. Die Photonen können durch ein Vakuum fliegen und haben als „Spin-1-Objekte" transversale Eigenschaften.

Die Astronomen wissen seit langem, dass mit der Homogenität und Isotropie der Hintergrundstrahlung ein ausgezeichnetes Ruhsystem im Kosmos existiert. Darauf hatte u.a. bereits vor 40 Jahren Paul Dirac in einem sehr schönen Artikel mit dem Titel „Why we believe in the Einstein Theory" hingewiesen:

„Einstein was wrong, because all Einstein should have said was that with the physics of that time it was impossible for an absolute zero in velocity to show up. But to say that it would never be possible for an absolute zero in velocity to show up was going a bit too far. An absolute zero in velocity has shown up with the more advanced technology which we have at the present day. This refers to the natural microwave radiation."

Diese Einsicht, dass die Hintergrundstrahlung auf die Möglichkeit eines ausgezeichneten Koordinatensystems im gesamten Kosmos verweist, beeinträchtigt in keiner Weise die mathematische Struktur und die Anwendungen der Relativitätstheorie, widerspricht jedoch manchen fehlerhaften populären Interpretationen.

Die völlige Äquivalenz von Beschleunigung und Gravitation sowie die Nichtfeststellbarkeit einer Geschwindigkeit relativ zum kosmischen Hintergrund ist nur in einem „Einstein-Fahrstuhl" ohne Fenster gegeben – also lokal und ohne Anschluss an den Kosmos.

Worin genau besteht der Unterschied zwischen Qubit (Görnitz) und Qubit (Quanten-Computer) – dass es sich um überlagerte Zustände von 0 und 1 handelt, darüber besteht ja offenbar noch Einigkeit?

Görnitz: „überlagerte Zustände von 0 und 1" – Dieser Ausdruck ist geeignet, das Bild einer Strecke zwischen 0 und 1 hervorzurufen. Diese eindimensionale Vorstellung ist sogar im Bereich der technischen Informatik irreführend. Die technische Informatik verwendet für ihr Quantenbit die zwei Winkel, welche die Oberfläche der Bloch-Kugel erfassen (wie Länge und Breite auf der Erdoberfläche). Die Quantentheorie hat uns gelehrt, dass komplexe Systeme über das Tensorprodukt der Zustandsräume der Ausgangsteile – also multiplikativ – gebildet werden. Da $1 \cdot 1 = 1$ ist und bleibt, kann mit eindimensionalen Zustandsräumen nichts aufgebaut werden. Die technische Informatik betrachtet vom vollen Quantenbit nur die zwei reellen Parameter. Wie oft geschrieben (z. B. in „Quanten sind anders" 2002), ist für eine ontologische Aussage, also für die Möglichkeit einer Äquivalenz von Quanteninformation und „Materie", für das Quantenbit der volle komplexe zweidimensionale Zustandsraum notwendig (damit also vier reelle Parameter).

Ärgert es Sie eigentlich, dass sich ihre eigenwillige „Qubit"-Definition, die nicht mit der allgemeinen Definition für Quantenrechner im Einklang steht, nicht durchgesetzt hat?

Görnitz: Es wäre aus meiner Sicht ein katastrophales Missverständnis, wenn die AQIs mit der trunkierten Version aus der technischen Informatik verwechselt werden würden. Diese verkürzte Version wird allerdings beim Quantencomputing völlig zu Recht verwendet und ist dort auch vollkommen ausreichend. Dort sind durch die experimentelle Festlegung des Trägers nur noch die beiden Winkel der „Bloch-Kugel" von Relevanz. Jedoch nur mit ihrem vollen zweidimensionalen komplexen Zustandsraum kann man den AQIs eine ontologische Qualität zuweisen. Das hatte bereits vor mehr als einem halben Jahrhundert C. F. v. Weizsäcker als erster erkannt.

Andere alternative Interpretationen der Quantenmechanik: Was halten Sie von „Zellulären Automaten" (Gerardus t'Hoft)? Konrad Zuse hatte übrigens bereits 1969 in seinem Buch „Rechnender Raum" einen universellen (klassischen) zellulären Automaten zur Simulation des Universums angenommen.

Görnitz: Nachdem Carl Friedrich v. Weizsäcker bereits in den 1950er Jahren die ersten Arbeiten zu dem, was er später „Ur-Theorie" nannte, publiziert hatte, hat Werner Heisenberg 1966 in seinem Buch „Der Teil und das Ganze" dazu ausführlich Stellung genommen. Dort kann man nachlesen, dass bereits damals von Heisenberg erkannt worden war, dass damit der künftige Weg der Physik aufgezeigt wurde.

Natürlich lassen sich immer einige Effekte eines Quantensystems klassisch modellieren, z. B. das Verhalten einer Welle oder eines Teilchens, jedoch nie der volle quantentheoretische Möglichkeitsbereich. Auch t'Hoft gehört zu der großen Zahl von bedeutenden Physikern wie Einstein, Schrödinger, Feynman, Bell und vielen anderen, welche wichtige Beiträge zur Quantentheorie geliefert haben, auch weil sie über zentrale philosophische Konsequenzen dieser Theorie unglücklich waren und wie mancher andere auf eine Rückkehr zum klassischen deterministischen Weltbild gehofft haben.

Offensichtlich ist Ihre Hypothese eine Erweiterung der Quantenmechanik (QM). Löst sie irgendwelche bisher ungelösten (oder zumindest bisher „unelegant" gelösten) QM-Probleme? Oder ist sie ein Überbau, der QM in einen größeren Kontext stellt, aber keine neuen QM-Methoden und Lösungsansätze liefert?

Görnitz: Die Quantentheorie umfasst einige Teiltheorien, welche bestimmte Voraussetzungen machen, die in anderen nicht auftreten. Die Quantenmechanik, mit welcher der Aufbau der Atomhülle erklärt werden sollte, rechnet mit festen Teilchenzahlen und einem klassischen elektromagnetischen Feld. In ihr ist der Ort eine messbare Größe. Die Quantenfeldtheorie quantisiert die Kraftfelder und beschreibt die Erzeugung und Vernichtung von Teilchen. Wegen der relativistischen Gleichbehandlung von Zeit und Raum werden in ihr diese Koordinaten zu bloßen klassischen Parametern und verursachen die Probleme von Renormierung, Regularisierung usw. Bei denen wird die für Mathematiker letztlich schwer zu akzeptierende Gleichung „$\infty = 0$" benötigt. Vielleicht auch deswegen schrieb Einstein 1954: „One can give good reasons why reality cannot at all be represented by a continuous field. From the quantum phenomena it appears to follow with certainty that a finite system of finite energy can be completely described by a finite set of numbers (quantum numbers). This does not seem to be in accordance with a continuum theory and must lead to an attempt to find a purely algebraic theory for the description of reality. But nobody knows how to obtain the basis of such a theory." Das Tor zu einer umfassenden Quantentheorie, wie sie wohl Einstein vorschwebte und welche neben der Quantenmechanik auch die Quantenfeldtheorie und die Theorie der Quantenbits umfasst, wurde von v. Weizsäcker und später und unabhängig von ihm von David Finkelstein geöffnet. Archibald Wheeler hat dann eine Dekade später diese Ideen aufgegriffen und mit dem eingängigen Slogan „It from Bit" populär gemacht.

Wie man in unserem Beitrag lesen kann, bedeutet „erklären": „wie etwas Kompliziertes aus etwas Einfachem rekonstruiert werden kann". Da ein noch einfacheres Quantensystem als ein AQI unvorstellbar ist, liefern die AQIs der Protyposis die Grundlage für alles, was überhaupt einer naturwissenschaftlichen Erklärung zugänglich ist. Oft allerdings wird von den Kritikern dieser These die ergänzende Aussage übersehen, dass die Idee eines Gesetzes für einen Einzelfall sinnlos ist. Naturwissenschaft kann also die Wirklichkeit nur in derjenigen Approximation beschreiben, in der vieles gleich oder zumindest ähnlich wird.

Welche bisher nicht gelösten QM-Probleme kann man mit Ihrer Hypothese lösen?

Görnitz: In bisherigen Publikationen ist gezeigt worden, dass sich mit der Protyposis eine Kosmologie ergibt, für die Hypothesen wie Inflation oder Dunkle Energie samt den dafür postulierten aber bisher nicht gefundenen „Teilchen" überflüssig werden. Um die Rotationskurven der Galaxien zu erklären hatte man die „Dunkle Materie" postuliert. Diese Rotationskurven folgen aus der Protyposis-Kosmologie, ohne dass dafür Teilchen postuliert werden müssten, welche bisher nicht gefunden worden sind. Diese quantentheoretisch begründete Kosmologie macht verständlich, weshalb innerhalb des Kosmos die Allgemeine Relativitätstheorie die Phänomene der Gravitation so gut beschreibt.[108] Die Gravitation kann verstanden werden als die Wirkung des Quanten-Kosmos auf lokale Inhomogenitäten seines Inhaltes.

Die Versuche, die drei grundlegenden Kräfte in einer „Großen Vereinheitlichung" oder einer „Supersymmetrie" zusammenzufassen, sind trotz gewaltiger Anstrengungen bisher erfolglos geblieben, da keines der dafür notwendigen Teilchen bis jetzt gefunden wurde.

Mit der Protyposis wurde eine einheitliche Grundlage, also kein Überbau, nicht nur für Kräfte allein, sondern sowohl für Kräfte als auch für Materie gelegt. Mit der Protyposis konnte mathematisch die Existenz der schwachen, der elektromagnetischen und der starken Wechselwirkung erklärt werden.

Gibt es QM-Probleme, an denen die bisherige QM scheitert, aber QM+Qubit (Protyposis) erfolgreich ist?

Görnitz: Ja, z. B. wie erwähnt bei der Verbindung von Quantentheorie und Gravitation, bei der Erklärung von Leben als Steuerung und Selbststabilisierung instabiler Systeme durch Quanteninformation und bei der naturwissenschaftlichen Erklärung von Bewusstsein.

Verstehe ich das richtig: alle bisherigen Formeln und Gesetzmäßigkeiten der QM bleiben unverändert?

---

[108] Görnitz, T., Deriving General Relativity from Considerations on Quantum Information, Advanced Science Letters, Vol. 4, 577-585, 2011.

201

Görnitz: Die bewährten Formeln und Gesetzmäßigkeiten bleiben unverändert bzw. es wird deutlich, wo ihr Gültigkeitsbereich endet, z. B. innerhalb eines Black Holes. Manches bisher merkwürdig Erscheinende wird leichter verstehbar.

Als physikalische Ergebnisse der Protyposis-Theorie führen Sie z. B. an, dass diese Theorie zu einer realistischen Kosmologie führte, in der sich Dunkle Energie und Dunkle Materie ohne neue Annahmen erklären lassen. Nun ist aber die Protyposis eine neue Annahme – beißt sich das dann nicht in den Schwanz?

Görnitz: In der Logik und in der Mathematik ist es bekannt, dass man Schlüsse nur aus Prämissen ziehen kann. Ohne Annahmen keine Schlüsse! Nun ist zu bedenken: noch einfachere Annahmen als die für die AQIs sind logisch unmöglich. Ein AQI ist so einfach, dass hinter seiner Definition keinerlei Platz für noch etwas Unerklärtes verbleibt. Die Frage ist nicht, ob man Annahmen macht, sondern welche – und ob diese zu den experimentellen Befunden passen und ob sie noch sehr viel mehr an Unerklärtem postulieren, um bisher Unverstandenes zu „erklären".

Weiterhin sagen Sie an dieser Stelle: Schließlich wurde eine Begründung der mathematischen Struktur der schwachen, der elektromagnetischen und der starken Wechselwirkung gegeben. Heißt das: „eine weitere mögliche Begründung" oder „die (erste sinnvolle) Begründung"?

Görnitz: Bisher ist mir keine „weitere Begründung" bekannt geworden, weshalb genau diese drei quantischen Wechselwirkungen in Form einer lokalen Eichtheorie existieren und wieso alle Versuche, sie in einer einzigen zusammenzubinden, bisher gescheitert sind. Falls Sie jedoch eine kennen, bin ich dankbar für eine Mitteilung.

Problematisierung Prof. Dr. Herbert Pietschmanns, Wien, des Beitrags von Dr. Brigitte Görnitz und Prof. Dr. Thomas Görnitz

Die Physik hat sich bis zum Ende des 19. Jahrhunderts auf mechanistische Beschreibungen der Natur beschränkt. Mit der Quantenphysik musste die Anschaulichkeit solcher Erklärungen sowie die Zerlegbarkeit und Kausalität aufgegeben werden, sie bleibt aber strikte eine Wissenschaft von der Materie. Daher ist jedweder Versuch, in den Bereich des Lebens oder gar des Geistes mittels der Quantenphysik vorzudringen ein Missverständnis dieser Wissenschaft.

Görnitz & Görnitz: Es trifft zu, dass gegen Ende des 19. Jahrhunderts die Vorstellung, die Grundlage der Physik sei allein die Materie, also letztlich „Punktteilchen", zum allgemeinen Dogma geworden war. Es ist bis in die Gegenwart wirksam geblieben. Jedoch Punkte gibt es nur in der Mathematik. In der Natur oder in den physikalischen Experimenten markiert die Planck-Länge die kleinste mögliche Länge, die es geben könnte.

Wie erwähnt war C. F. v. Weizsäcker der erste gewesen, der bereits vor über einem halben Jahrhundert einen Weg zu den tatsächlichen Grundlagen aufgezeigt hatte. Ihm war es immer sehr wichtig gewesen, dass seine wissenschaftlichen Ideen weiterentwickelt werden und dass man nicht in der „Quantenmechanik" hängen bleibt. Auch war es ihm klar, dass die Widerstände gegen eine solche Idee sehr groß waren und noch eine Weile groß bleiben werden. So wurden die erzielten Erfolge der Weiterführung von Weizsäckers Ideen außerhalb von Institutionen oder Gesellschaften erreicht – selbst wenn diese ihn als Namensgeber verwenden. Selbstverständlich ermöglicht die Abkehr vom Teilchen-Dogma einen Zugang zu den Prozessen der Informationsverarbeitung, welche das Erklären der Phänomene des Lebens und schließlich auch des Bewusstseins ermöglicht haben.

Bereits 1966 hatte Werner Heisenberg in seinem Buch „Der Teil und das Ganze" zu Weizsäckers Entwurf gesagt: „Aber die exakte Durchführung deines Programms stelle ich mir doch außerordentlich schwierig vor. Denn sie wird ein Denken von so hoher Abstraktheit erfordern, wie sie bisher, wenigstens in der Physik, nie vorgekommen ist. Mir wäre das sicher zu schwer. Aber die jüngere Generation hat es ja leichter, abstrakt zu denken. Also solltest du das mit deinen Mitarbeitern unbedingt versuchen."

Heute zeigt sich, wie fruchtbar es ist, mit den tatsächlich einfachsten abstrakten Strukturen zu beginnen und aus diesen die bisher gefundenen komplexeren Strukturen zu erklären. Wenn aber sogar jemand wie Werner Heisenberg die Begründung der Quantentheorie auf dieser Basis als Aufgabe an die nächste Generation verweist, dann bleiben als Folgerungen lediglich die Bemerkung von Max Planck:

„Es gehört mit zu den schmerzlichsten Erfahrungen der ersten Jahrzehnte meines wissenschaftlichen Lebens, dass es mir nur selten, ja, ich möchte sagen, niemals gelungen ist, eine neue Behauptung, für deren Richtigkeit ich einen vollkommen zwingenden, aber nur theoretischen Beweis erbringen konnte, zur allgemeinen Anerkennung zu bringen."[109] Dieses Zitat ist zu ergänzen durch Plancks oft zitierte Prognose: „Die neuen Ideen setzen sich nicht dadurch durch, dass die Vertreter der überholten ihre Meinung ändern, sondern dass sie aus der Wissenschaft ausscheiden."

Frage von Dr. Michael Colsman an Dr. Brigitte Görnitz und Prof. Dr. Thomas Görnitz

Der deutsche Bewusstseinsbegriff ist eine Prägung des rationalistischen Philosophen Chr. Wolff um 1720. Bei dem Versuch einer In-Beziehung-Setzung von Natur/Materie und „Bewusstsein" müsste deshalb erst einmal geklärt werden, was unter „Bewusstsein" verstanden werden soll. Das gilt noch mehr für die fragwürdige Dichotomie von „Bewusstem" und „Unbewusstem". Letzterer Begriff ist ebenfalls sehr klä-

---

[109] Planck, M. (2001) Vorträge, Reden, Erinnerungen / Max Planck. Hrsg.: Hans Roos; Armin Hermann, Springer, Berlin; Heidelberg et al., p. 51.

rungs- und unterscheidungsbedürftig (z.B. von subliminalem, subtilem, höherem meditativ-kontemplativ verändertem Bewussten, ...). Dies habe ich ausführlich in meiner Dissertation (2. Aufl., 2015) gezeigt.

Görnitz & Görnitz: Natürlich kann man sich in verschiedener Weise dem Problem des Bewusstseins nähern, z.b. aus philosophischer, psychologischer, sozialer und natürlich auch aus naturwissenschaftlicher Sicht. Letztere hat ihrerseits verschiedene Zugangsweisen, wie physiologische, biochemische und physikalische.

Selbstverständlich werden in geisteswissenschaftlichen Untersuchungen andere Fragen behandelt und das Behandelte kann nützlich weiter unterteilt werden. Die Naturwissenschaft sollte erklären, wieso aus einer unbelebten Natur Lebendiges entsteht und wie aus nicht bewussten Lebensformen solche mit Bewusstsein. Die naturwissenschaftliche Betrachtung dieser evolutionären Entwicklung liefert den Schlüssel dafür, indem sie zeigt, wie mit dem Leben erstmals in der kosmischen Geschichte eine intelligente Informationsverarbeitung zur Wirkung kommt.

Mit der hier dargelegten Quantenphysik wurde eine Informations-Struktur als grundlegend für die kosmische und biologische Entwicklung aufgezeigt. Aus dieser wird die Existenz von Atomen und den Energieteilchen des Lichtes, den Photonen der elektromagnetischen Strahlung, als eine Formung dieser Grundstruktur erklärt. Wir können somit sagen, dass eine kosmische Informationsstruktur, also eine eher „potentiell geistige" Struktur, die Basis der Wirklichkeit bildet. Es bedurfte des Milliarden Jahre dauernden Weges und vieler neuer Beziehungsstrukturen, um schließlich Leben und auch Bewusstsein hervorzubringen.

Beziehungsstrukturen wurden mit dem Leben zu Bedeutungsstrukturen. Mit diesen zeigt sich, dass immer auch „Symbiose und Zusammen- bzw. Teamarbeit" und nicht nur „Konkurrenzkampf" für die Entwicklung nötig waren und sind. So haben wir Menschen allein im Darm Billionen von hilfreichen Bakterien, Viren und Phagen. Ohne dieses Mikrobiom würden wir krank, ebenso wie bei einer ungünstigen Zusammensetzung desselben. Um die in den bisherigen Vorstellungen oft gesehene Lücke zwischen dem Denken und dem Körper zu schließen (die üblicherweise als Leib-Seele-Problem bezeichnet wird), waren Erkenntnisse aus der Quantentheorie, der Physiologie und der Psychologie notwendig. Mit der Theorie der Protyposis wurde aufgezeigt, dass Energie und Materie als gestaltete Quanteninformation in die Informationsverarbeitung einbezogen werden können. Die materiellen Teilchen im Lebendigen sind Elektronen sowie Ionen und Moleküle (aus Atomen gebildet). Zu diesen zählt z. B. auch das ATP, der wichtige molekulare Energiespeicher. Diese Teilchen bilden die besonders im Gehirn konzentrierten anatomischen Bildungen wie neuronale Netze. Um eine Vorstellung von der Packungsdichte zu erhalten, sei erwähnt, dass etwa 100.000 Zellkörper pro mm^3 in der Großhirnrinde zu finden sind. Dabei ist die Anzahl der Nervenzellen etwa 10.000 pro mm^3 und die der Synapsen etwa 1 Milliarde pro mm^3 Großhirnrinde. In den Lebewesen kann Materie, also Moleküle, sowohl Energie aufnehmen, verarbeiten und abgeben. Ebenso kann Information molekular gespeichert und aktiv photonisch verarbeitet werden. Dabei kann die Information im Bewusstsein als subjektiv bedeutungsvolle Information z. B. als Gedanken, als Vorstellung oder als Bild wirksam werden.

Betrachten wir sehr grob skizziert eine optische Wahrnehmung, z. B. eines Baumes, und die Verarbeitung der Information. Von einer wahrgenommenen Esche im Sommer gelangen die Photonen in unser Auge. Die Frequenz des Grünen wird von den Blättern nicht verarbeitet und deshalb reflektiert. Wir haben als Kinder gelernt, eine Farbe mit diesen Frequenzen grün zu nennen.

So ein Baum kann bei manchen Menschen kein besonderes Interesse hervorrufen, vielleicht kennen sie auch den Namen nicht. Jemand anderes aber erfreut sich an seinem Anblick und hat dadurch ein augenblicklich ganzkörperlich gutes Gefühl. Möglicherweise, weil solch ein Baum bei den Großeltern im Garten stand oder weil er allgemein Bäume liebt. Dies alles wird aus dem Gedächtnis aktiviert und fließt in die subjektive, oft unbewusst bleibende Bewertung ein.

Die Verarbeitung der mit den Lichtteilchen ins Auge gelangten Information geschieht äußerst vielschichtig und schnell. Dabei erfolgt vom Auge ausgehend ein ständiger Wechsel von Codierung und Decodierung in biochemische Information und wieder in elektromagnetische Signale. So erfolgen die Verarbeitung und die Weiterleitung der Information in verschiedene spezielle neuronale Netzwerke wie das Sehzentrum und aus diesen weiter in andere Bereiche.

Die eintreffende Information wird dazu passende aus dem Gedächtnis aktivieren und mit dieser zusammen auch emotional bewertet werden. Alle diese Wechselwirkungen zwischen den Teilchen in und zwischen den Zellen geschehen durch Photonen. Diese gehören allerdings fast immer nicht zum sichtbaren Spektrum. Diese aktive detailreiche Informationsverarbeitung im Gehirn wurde bisher als „Rauschen" in der Hirnforschung eher abgetan.

Zu der codierten Information der Photonen gehört, woher sie kommen und wo sie absorbiert werden, ihr Energiezustand (d. h. ihre Frequenz) und ihre Polarisation, sowie ihre räumliche und zeitliche Beziehung zu anderen. Photonen können selbst nicht unmittelbar miteinander wechselwirken. Die Wechselwirkung geschieht über die Materie. Die Moleküle werden dabei verschränkt. Die zu einem Objekt oder zu einer Situation bzw. zum gleichen Zeitablauf gehörende Information wird nach ihrer in den Teilbereichen des Gehirns stattgefundenen Verarbeitung wieder integriert. Sie wird dann als synchronisiert bezeichnet. Die langwelligen und im EEG nachweisbaren Schwingungen sind mit Schwebungen vergleichbar.

Diese Bindung der Information in einen kohärenten Zustand ermöglicht, dass ein inneres Bild, welches dem wahrgenommenen Faktum, dem Baum, angenähert ist, in den „Strom des Bewusstseins" gelangt. Der „Strom" ist als Metapher zu verstehen, da immer wieder neue Inhalte in ihn gelangen. Dabei bewirken die Photonen nicht nur die Zusammenarbeit der an diesem Prozess beteiligten Teile, sondern auch, dass die Information „der Baum" samt der mit ihm verbundenen Erinnerungen und Gefühle als Bild und Vorstellung in das fortlaufende Bewusstsein eingebracht wird.

Wir können das Bewusstsein als einen kohärenten, also ausgedehnten Zustand von Information betrachten. Dieser wird von (nicht sichtbaren) Photonen getragen, die sich einander in großer Geschwindigkeit ablösen – so, wie dies bereits beim Sehen des Baumes geschieht. Auch da bringen immer wieder neue Photonen die fast gleiche Information. Ein Bewusstwerden der verarbeiteten Information erfolgt beim Einfließen der Information als Bilder, Vorstellungen, Gefühle und Gedanken in den kohärenten Zustand des Bewusstseins.

Beim Bewusstwerden werden aktuell aufgenommene Informationen mit solchen aus dem Gedächtnis und dem Körper zu einer ganzheitlichen Struktur – dem aktuellen Bewusstsein – verschmolzen. Durch äußere oder innere Reize oder Signale, also durch eine bestimmte Information, wird aus dem Bewusstsein der Fokus der Aufmerksamkeit auf spezielle Objekte oder Situationen gelenkt. Wenn wir sagen, das Bewusstsein ist bedeutungsvolle Information in einem lebendigen Körper, dann heißt dies, es ist letztlich Information über Information.

Diese Informationen (also die Inhalte des Denkens und der Vorstellungen) werden von ungeheuer schnell wechselnden Photonen getragen. Die Photonen ihrerseits werden beim Verarbeitungsprozess, also bei der Wechselwirkung mit Molekülen und Ionen, erzeugt und absorbiert. Die bisher oft zu lesende Sprechweise von der „Lücke" erübrigt sich, da die an der Verarbeitung der Information beteiligten Photonen und materiellen Teilchen genauso zur „Uniware" gehören wie die Information selbst. Das Bewusstsein „schwebt" also nicht „über der Materie", sondern es ist ausgebreitet in den Zellen, zwischen den Zellen und im gesamten Körper.

Die sich bei den Lebewesen herausgebildete Informationsverarbeitung bleibt auch beim Menschen größtenteils unterbewusst, wie z.B. Stoffwechselvorgänge oder Einzelschritte von Wahrnehmungs-Verarbeitungen. Als das „Unbewusste" kann man traditionell dasjenige verstehen, was bewusst gewesen war und/oder im Prinzip bewusst werden kann. In der Psychologie spielen dabei die unbewussten Abwehrvorgänge, allgemein als Verdrängung bezeichnet, eine große Rolle. Die Information aus dem „Körpergedächtnis" kann oft nicht bewusst gemacht werden. Die Hirnforschung erkannte im Verlauf ihrer immer genauer werdenden Untersuchungen, dass der größte Teil der Informationsverarbeitung unterhalb der Schwelle zum Bewusstsein abläuft.

Sie erwähnen Jean Gebser. Er wie andere große Denker sahen, dass die Erkenntnisse der Naturwissenschaft, in seinem Fall die der Quantentheorie, eingebunden werden müssen. Im Hinblick auf eine naturwissenschaftliche Betrachtung halten wir die Öffnung auch zu den östlichen Denktraditionen für förderlich. C. F. v. Weizsäcker berichtete oft davon, dass von den Mitarbeitern Heisenbergs in Leipzig in den 1930er Jahren diejenigen weniger Probleme mit den von der Quantentheorie aufgezeigten Strukturen der Natur hatten, welche im Umkreis der asiatischen Philosophien aufgewachsen waren.

Durch das Einbeziehen der Information, genauer durch eine abstrakte Quanteninformation, ist eine Grundlage für die verschiedenen Betrachtungsweisen gegeben, also eine gemeinsame Grundlage für die Beziehungen und das Wechselspiel zwischen Umwelt, Leib, Seele und Geist.

Fragen von Prof. Dr. Peter Dörre an Prof. Dr. Ernst Ulrich von Weizsäcker, „Wege zu einer Erdpolitik"

Mein allgemeiner Eindruck: Kann es sein, dass Sie immer noch die Hoffnung hegen, eine globale demokratische Parallelwelt sei machbar, obwohl inzwischen klar geworden ist, dass jede nationale und internationale „Gegenstruktur" sofort unterwandert und fragmentiert wird: tausende gut finanzierte NGOs stehen dazu weltweit Gewehr bei Fuß.

von Weizsäcker: Haben Sie bei der „Leeren Welt" nicht noch etwas vergessen? Auch die Wissenschaft stammt aus der Leeren Welt: da war das Erkenntnis-Bein noch ihr Sprungbein, und das Technik-Bein diente der Balance. Heute hat das drittmittelgeförderte Technik-Bein übernommen: statt die Lösung labyrinth-artiger Probleme anzugehen, die Erkenntnis, Ergebnisoffenheit und Zeit erfordern (wobei „Vorwärts immer, rückwärts nimmer" die dümmste Strategie ist), interessiert man sich für „Bohrhammer-Lösungen": man will ja schließlich „vorankommen", irgendwann fällt die letzte Mauer, und wir stehen vor dem finalen Abgrund. Zwischenzeitlich galten Probleme ja schon als gelöst, wenn der Zeitplan und der Kostenplan eingehalten wurden. Aber das ist inzwischen auch „Schnee von gestern". Wenn der IPCC beschlossen hat, auf die physikalische Identifikation des irdischen Klimasystems und die vorhandene historische und prähistorische Information über Einflussgrößen auf das Klima weitgehend zu verzichten, dafür aber die Detektion und Zuschreibung von menschengemachtem Klimawandel in den Vordergrund zu rücken (eine klare Zielvorgabe für die „ergebnisoffene" Forschung und die Forschungs-Finanzierung, die dann von den berüchtigten „97% aller Klimatologen" eingehalten wird), ist das nicht eine zutreffende Beschreibung für die „Prostituierte formerly known as Wissenschaft" (alternativ, falls das sprachlich zu „explizit" ist: … für den aktuellen verkommenen Zustand von Wissenschaft)? – Aber vielleicht sollte man etwas vorsichtiger verallgemeinern: es gibt sie noch, die „Inseln der Wissenschaft" (z. B. Reine Mathematik) im „Ozean der Käuflichkeit".

Wie bewerten Sie denn den heutigen geistigen Ressourcen-Diebstahl: den Verlust des öffentlichen Debattenraums einerseits, z. B. an die zwangsgebührenfinanzierte Deutungshoheits-Sekte, und andererseits das Überhandnehmen der Medienmüll-Industrie, die den Aufmerksamkeits-Diebstahl (attention heist) kultiviert hat?

von Weizsäcker: Ent-Netzung statt Vernetzung: ein kleiner Tipp aus der Informatik – wenn Schadsoftware auf einem System identifiziert wird, ist immer der erste Schritt: Abkoppeln vom Netz/Internet.

Fragen von Prof. Dr. Peter Dörre an Prof. Dr. Michael Drieschner, „Philosophische Anfragen an das Naturverständnis der Naturwissenschaften"

Anmerkung zum Vortragstext: die relativistische Quantenmechanik als lorentz-kovariante Formulierung der Quantenmechanik (QM) gibt es bereits (z. B. Dirac-Gleichung).

Drieschner: Das ist zweifellos richtig. Für unsere allgemeineren Betrachtungen genügt m.E. die Betrachtung der nicht-relativistischen QM.

Wesentlich in der Physik sind noch kontinuierliche Symmetrien als Ursache von Erhaltungssätzen, z.b. Energie (Homogenität der Zeit), Impulserhaltung (Homogenität des Raumes), Drehimpuls (Isotropie des Raumes) – aber die QM ist diskret/diskontinuierlich. Wie lässt sich denn diese Diskrepanz beheben?

Drieschner: Da berühren Sie sehr schwierige Fragen: Das Kontinuum ist mathematisch ein Grundproblem, das man nicht einfach als gelöst ansehen kann. In der Formulierung der QM ergeben sich daraus auch schwerwiegende Probleme, etwa mit Divergenzen. Empirisch dagegen gibt es kein Kontinuum: Auch eine noch so genaue Messung kann nimmer nur eine endliche Anzahl von Möglichkeiten unterscheiden.

Anmerkung zur „Sehnsucht zu wissen, was wirklich ist": Wirklichkeit erschließt sich nur aus (nicht notwendig wissenschaftlichen) Beobachtungen in der Vergangenheit (das war dann „wirklich"), und wir prognostizieren zukünftige Beobachtungen, die dann die „Wirklichkeit" der Zukunft repräsentieren. Für beides brauchen wir „Gegenwart".

Drieschner: Zustimmung!

Aus Erfahrung etwas zu wissen bedeutet, Voraussagen machen zu können über empirisch entscheidbare Alternativen. Woher wissen wir, dass sich die zugrunde liegenden Gesetze nicht geändert haben?

Drieschner: Das wissen wir in Wirklichkeit nicht. Wir nehmen es an und kommen mit dieser „Annahme ganz gut durch – etwa in der Kosmologie, der Beschreibung der Vergangenheit seit ca. 700 000 Jahre nach dem Urknall. Was davor gewesen sein könnte, ist umstritten, da passen die Theorien nicht mehr so recht – siehe „dunkle Energie" und ähnliches.

211

Zu den Aspekten des Bewusstseinswandels gehören Vernunft, Nächstenliebe, und Affekte sind notwendig. Ist eine Spezies, die ihre Mit-Kreaturen umbringt oder ihnen bestenfalls dekorative und Nützlichkeits-Funktionen zubilligt (anthropischer Exzeptionalismus), da nicht überfordert?

Drieschner: Wir können nur hoffen, dass wir damit nicht schon biologisch überfordert sind. Fortschritte in dieser Richtung sind aber offenbar dringend erforderlich, wenn auch extrem schwierig.

Wenn das Verlassen auf die Vernunft der „Partner" eine falsche Lösung und stattdessen das Einbeziehen von Irrationalität – das Unmögliche zu versuchen –, der Ausweg ist: darf man sich dann auf die Ethik der Pflichterfüllung (eingeschränkt durch Ultra posse nemo obligatur) noch berufen – sie reicht offensichtlich nicht aus?

Drieschner: Auch hier: Zustimmung! Aber „Pflichterfüllung" ist auch zu schmal als Basis.

Wir leben ja im Zeitalter physikalisch angehauchter „Games" auf Supercomputern (manche nennen das auch „Klimaforschung"). Wenn der IPCC beschlossen hat, auf die physikalische Identifikation des irdischen Klimasystems und die vorhandene historische und prähistorische Information über Einflussgrößen auf das Klima weitgehend zu verzichten, dafür aber die Detektion und Zuschreibung von menschengemachtem Klimawandel in den Vordergrund zu rücken (eine klare Zielvorgabe für die „ergebnisoffene" Forschung und die Forschungs-Finanzierung), ist die Gegenposition dann auch ein Fall für „das Unmögliche versuchen"? (Eine ähnliche Frage ging an Herrn Weizsäcker.)

Drieschner: Das kann ich natürlich genauso wenig beantworten wie Herr von Weizsäcker. Aber in der heutigen Situation ist es sicher ein sehr vernünftiges Ziel, den CO_2-Ausstoß soweit wie möglich zu reduzieren.

Buchempfehlung

Hans-Rudolf Zulliger

Gaias Vermächtnis
Plädoyer für eine integrale Weltsicht

Über mehr als 3,5 Milliarden Jahre entstanden Vielfalt, Intelligenz und Schönheit auf unserer Erde. Das Studium dieser Reise durch die Zeit ist voller Wunder und Fragen über Sinn und Zweck: Wie konnte sich dies alles entwickeln? Wie lassen sich Intelligenz und Schönheit dieses unglaublichen Geschehens erklären? Wir staunen, wir sind innerlich bewegt, demütig, überwältigt und dankbar. Manchmal sind wir auch erheitert von diesem wundersam komplexen Werk, das sich auch ohne unser Dazutun immer weiter entwickelt, gesteuert von unsichtbaren und scheinbar magischen Kräften.

Der Autor Hans-Rudolf Zulliger zeigt in seinem Buch „Gaias Vermächtnis. Plädoyer für eine integrale Weltsicht", dass die Welt ein lebendiges Organ ist, das nur in seiner Ganzheitlichkeit Leben in der heutigen Form ermöglicht. Leben zu erhalten bedeutet deshalb, nicht nur Bio-Nachhaltigkeit, sondern auch soziale Gerechtigkeit und ökonomische Verantwortung zu leben. Denn eine integrale Weltsicht verlangt nach dem Bewusstsein, dass alles, was der Einzelne tut, alles Leben beeinflusst – heute und für alle zukünftigen Generationen.

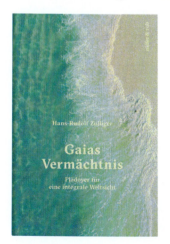

Hardcover, 208 Seiten
rüffer & rub, 1. Auflage 2018, 29,50 €
ISBN 978-3-906304-35-9

Buchempfehlung

Ernst Ulrich von Weizsäcker
Anders Wijkman

Wir sind dran
Was wir ändern müssen, wenn wir bleiben wollen

Club of Rome: Der große Bericht
Das Debattenbuch zur Frage des Überlebens der Menschheit

In seinem ersten, weltweit beachteten Bericht zur Lage der Menschheit von 1972 prognostizierte der Club of Rome den ultimativen Kollaps des Weltsystems in den nächsten 50 Jahren. Seitdem hat sich viel verändert. Wir verfügen über genügend neues Wissen für die erforderlichen Veränderungen zum Erhalt unserer Welt. Laufende Trends können aufgehalten und bestimmte Philosophien und Überzeugungen ad acta gelegt werden – eine aufregende Reise in die Zukunft wartet. Dieser neue Bericht des Club of Rome formuliert die Agenda für alle gesellschaftlich relevanten und möglichen Schritte der nächsten Jahre: faktenorientiert und debattenstark.

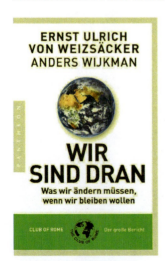

Paperback, 400 Seiten
zahlreiche farbige Abbildungen
Pantheon 2019, 2. Auflage, 16,00 €
ISBN: 978-3-570-55410-4